Hans-Joachim Uthke, Haan

Aphorismen I

Gedankenspiel

Aphorismen Fachbeiträge Illustrationen

Dokumentation zum
2. bundesweiten Aphoristikertreffen
vom 2.-4. November 2006 in Hattingen an der Ruhr

Petra Kamburg, Friedemann Spicker, Jürgen Wilbert (Hrsg.)

 Brockmeyer Verlag

INHALT

Stadtmuseum Hattingen: Spiel-Raum für neue Gedanken **6**
Petra Kamburg

Aphorismen – Tummelplatz für literarische Grenzgänger **11**
Jürgen Wilbert

Wo immer gespielt wird, tauchen Spielverderber auf – Grußwort zum Aphoristikertreffen **17**
Elazar Benyoëtz

Zu welchen Erkenntnissen können Aphorismen führen? **21**
Gerhard Uhlenbruck

Aphorismus und Erkenntnis **29**
Michael Rumpf

Dionysos und Apoll in der Kleinform des Aphorismus **39**
Hanspeter Rings

Gattung und Autor: Einsichten in ihr Zusammenspiel **47**
Anselm Vogt

„Was gültig ist, muß nicht endgültig sein" – Die Lyrikerin und Aphoristikerin Liselotte Rauner **51**
Friedemann Spicker

„Gedanken auf die Sprünge helfen" – Thesen über den Aphorismus **81**
Hugo Ernst Käufer

Interview – mit Hugo Ernst Käufer **83**

Aphorismus und Sprichwort: Linguistische Untersuchungen **85**
Dietrich Hartmann

„Wenn die Werbung Sprüche klopft" – Aphoristisches in der Werbesprache **99**
Kurzfassung der Präsentation von Frank Dopheide (Grey Worldwide Germany)
Jürgen Wilbert

Aphopoetische Worte – Aufführung des 1. AphoRap auf dem Marktplatz **104**
Max Bilitza

Anhang
Bericht über das 2. bundesweite Aphoristikertreffen **109**
Das Deutsche Aphorismus-Archiv (DAphA) **112**
Verzeichnis der Teilnehmer/innen und Autor/innen **113**
Verzeichnis und Biographisches zu den Illustratoren **114**
Impressum **116**

Alle Texte werden – wie im Buch „Gedankenflug" von 2005 – begleitet von Illustrationen und Aphorismen.

„Kunst ist der Schein,
der das Paradies erahnen lässt."
(Günther Uecker)

„Der Schlüssel der Geschichte ist nicht in der Geschichte,
er ist im Menschen."
(Théodore Simon Jouffroy)

Stadtmuseum Hattingen:
Spiel-Raum für neue Gedanken

PETRA KAMBURG

Das Stadtmuseum Hattingen, im historischen Ortsteil Blankenstein – oberhalb des malerischen Ruhrtals – gelegen, gibt es seit Mai 2001. Mitten am Marktplatz, umgeben von Fachwerkhäusern, Kirchen und Geschäften und einer mittelalterlichen Burg, wurde das Museum in ehemaligen Amtshäusern aus dem 19. Jahrhundert eingerichtet. Ein Museum, das sich zum einen der Präsentation von Stadt- und Regionalgeschichte widmet, zum anderen aber auch im Rahmen von wechselnden Ausstellungen die Auseinandersetzung mit zeitgenössischer Kunst[1] sucht. Darüber hinaus geht sein Bestreben dahin, interessante, manchmal ungewöhnliche, am liebsten außergewöhnliche kulturelle Veranstaltungen zu entwickeln, zu organisieren und durchzuführen.

„Phantasie ist wichtiger als Wissen,

denn Wissen ist begrenzt ."

(Albert Einstein)

Das Stadtmuseum Hattingen stellt einen Ort dar, an dem sich Geschichte, Kunst und Kultur abspielen und in spannende Dialoge miteinander treten, und das in modern gestalteten Räumen, die lichtdurchflutet, ‚offen' sind. Hier gilt es, immer wieder aufs Neue – mit Witz und Verstand – eigene Ideen zu entwickeln und eigenwillige Wege zu beschreiten sowie auch ferne, fremde Welten und Kulturen für sich zu entdecken. Und so, frei nach der ursprünglichen Bedeutung von Raum (mhd. rūm), wonach „das nicht Ausgefüllte", der „freie Platz" gemeint ist, öffnet sich das Museum mit all seinen Räumen für kulturelle Veranstaltungen, die nicht zum üblichen Kanon gehören: so geschehen beim 1. bundesweiten Aphoristikertreffen im Jahr 2004.

„Der ‚Raum' hat in der Kulturkritik und Medienanthropologie der Gegenwart (Baudrillard, Postman, Flusser, Virilio u.v.a.) Konjunktur. Es kursiert zur Zeit wohl kaum eine Schrift zu den neuen Medien, die nicht von ihm handelt, genauer: von seinem Verlust oder gar seiner Vernichtung: Geschuldet der ‚weltweiten Vernetzung der Tele-technologien' – (...) – zöge sich der Raum wegen des Siegeszuges der digitalen Weltvernetzung zusammen und verschwände. (...) Meine These lautet: Keine Tele-Vision (Virilio) kann das Reale des Raums ‚ablösen' oder ‚auflösen'."[2]

Auch beim 2. Treffen der Aphoristiker/innen bot das Stadtmuseum den realen und ‚philosophischen Raum', den diese Tagung benötigt, um die Gedanken („frei") spielen zu lassen. Im **Veranstaltungsraum** fanden die Fachbeiträge ihren passenden Rahmen. Medientechnisch unterstützt, konnten die Diskussionen zum Thema „Der Aphorismus zwischen Wortspiel und Erkenntnis" ihren diskursiven, manchmal auch kontroversen Lauf nehmen. In der **Bibliothek**, übrigens seiner Zeit das Büro des Amtmannes, hat das Deutsche Aphorismus-Archiv (DAphA) seinen Platz gefunden. Seit November 2006 können dort alle, die sich dem Aphorismus verschrieben haben, lesend und forschend arbeiten.

„Das schönste aller Geheimnisse: ein Genie zu sein und es als einziger zu wissen."

(Mark Twain)

Auf dem **Marktplatz** fanden das Wort- und Lichtspektakel von Max Bilitza und Tom Rath ausreichend Raum und viel Publikum. Das **Café** im Museum – rundherum verglast und den Blick auf eine uralte Kastanie öffnend – bot die entspannte Atmosphäre für persönliche Gespräche während der Zwischen-Zeit-Räume der Tagung.

Im **Ausstellungs-Raum** und **Foyer**, die beim 1. Treffen den Raum für eine Ausstellung mit Zeichnungen von Zygmunt Januszewski und der Preisträger/innen des Illustrationswettbewerbs darstellten, wurden bei den 2. Aphoristikertagen im November 2006 Graphiken von Jörg Immendorff aus Düsseldorf präsentiert, einem der bekanntesten lebenden Künstler in Deutschland[3]. Übrigens: Der Künstler ist ein Meister der Überzeichnung, des Hervorhebens von menschlichen Schwächen unter Hinzuziehung literarischer Vorlagen. So war mit den Bildern von Jörg Immendorff das ‚passende' Umfeld, ein künstlerisch-literarischer Raum, für das Aphoristikertreffen realisiert, wie man es sich nicht interessanter hätte wünschen können. Die Graphiken boten eine spannende, künstlerische Auseinandersetzung von Wort und Bild, von Kunst und Gesellschaft und den Aufgaben bzw. der Verantwortung, die Kultur, in diesem Fall die Kunst, in unserer Gesellschaft hat.

„Zu der Haltung, dass Kunst und Politik – das heißt Moral – nicht voneinander zu trennen sind, stehe ich heute noch. So muss ich jeden Künstler für dumm erklären, der die Bedrohung durch Atomwirtschaft und Atomrüstung ignoriert. Denn wenn die ersten Bomben fallen, wackeln auch die Staffeleien."

(Jörg Immendorff)

Auch im Buch zum 2. Treffen sollten die Illustratoren mit dabei sein. Hier galt es – ohne Wenn und Aber –, Wort und Bild wieder zusammenzuführen. Und so veranschaulichen auch dieses Mal die Karikaturen von Zygmunt Januszewski an passenden und überraschenden Stellen die Fachbeiträge und illustrieren so die Aphorismen. „Feiner Strich, spitze Feder, scharfe Klinge: so knapp, wie der polnische Zeichner Zygmunt Januszewski seine präzisen Beobachtungen zu Papier bringt, so treffend versteht er es, Leidenschaften und Schwächen von Menschen auf den Punkt zu bringen."[4]

Neben dem polnischen Ausnahmezeichner gehört auch Hans-Joachim Uthke (Hilden-Haan) zu den Illustratoren des „Gedankenspiels". Ihn faszinieren Aphorismen, weil sie gekürzte, hintersinnige, auf den Punkt gebrachte Überlegungen, sprachlich direkt oder versteckt wiedergeben. Seine Liebe zum Aphorismus zeigt sich in vielen Zeichnungszyklen und Radierungen, die er zu Sentenzen u.a. von Stanislaw Jerzy Lec, Georg Christoph Lichtenberg, Marie von Ebner-

Eschenbach sowie zu Themenkreisen wie Zeit und Geld angelegt hat. Außerdem ließen Michael Görler (Hattingen) und Joachim Klinger (Hilden) ihre Gedanken und Gestaltungskräfte spielen; sie interpretieren neue Aphorismen der Tagungsteilnehmenden und setzen sie gekonnt, mitunter „hinterlistig" ins Bild um.

„Immer wenn man die Meinung der Mehrheit teilt, ist es Zeit, sich zu besinnen."
(Mark Twain)

Das Stadtmuseum verfolgt auch weiterhin das Ziel, nicht nur Geschichte, Kunst und Kultur zu präsentieren und zu vermitteln, sondern auch selber ‚Geschichte' zu schreiben. Das Zusammentreffen von Stadtmuseum und Aphoristikertagung[5], das Zusammentreffen von Menschen mit gemeinsamen Interessen aus ganz unterschiedlichen Regionen und Ländern, ausgestattet mit der Lust am sprachlichen Gestalten und Mut auf Neues, Unerwartetes, hat bereits Geschichte gemacht und Spuren hinterlassen: so intensiv, dass ein drittes Treffen einfach nicht mehr wegzudenken ist. Ein solches ist wieder für Anfang November 2008 terminiert.

„Die Kunst kann den Menschen nicht retten, aber mit den Mitteln der Kunst wird ein Dialog möglich."
(Günther Uecker)

Und wenn man hier das Wort Kunst ersetzt durch das Wort Kultur, dann bieten die Aphoristiker-treffen und das Stadtmuseum ein Forum, das einen solchen Dialog möglich macht. Ein Forum für alle, die neugierig genug sind – Sie erinnern sich? –, neue Gedanken-Welten zu entdecken und Räume zu füllen mit ihren Ideen.

„Der Unterschied zwischen dem richtigen Wort und dem beinahe richtigen ist derselbe Unterschied wie zwischen dem Blitz und einem Glühwürmchen. "

(Mark Twain)

Anmerkungen

[1] Zeitgenössische Kunst hat es – so scheint's jedenfalls – in einer kleinen Stadt wie Hattingen genauso schwer wie die kleine, oft vernachlässigte Literaturgattung des Aphorismus innerhalb des offiziellen Literaturbetriebs. Die junge Kunst wird oft nicht wahrgenommen, ihre Qualitäten werden an großen Namen bemessen – und die jungen Künstlerinnen und Künstler wollen sich einen solchen erst machen. Und genau darin sieht das Stadtmuseum eine seiner Aufgaben.

[2] Georg Christoph Tholen, Der Ort des Raums – Erkundigungen zum ‚offenen' und ‚geschlossenen' Raum, unveröffentlichte Vortragsversion zur HyperKult IX. Augmented Space. Reale, virtuelle und symbolische Räume, Lüneburg 2000; Diskussionen um und über das Thema ‚Raum' gibt es unendlich – so unendlich vielleicht wie der ‚Raum' selbst, aber vor allem die aktuelle Auseinandersetzung mit dem sog. Cyberspace und den möglichen gesellschaftlichen Konsequenzen scheint mir spannend.

[3] „Jörg Immendorff – Das graphische Werk", 13. Oktober 2006 bis 20. Januar 2007 im Stadtmuseum Hattingen in Zusammenarbeit mit der Verlagsgruppe Geuer & Breckner, Düsseldorf

[4] Wolfgang Richter, Salzburger Nachrichten

[5] Friedrich Schiller erklärt in seinen Briefen „Über die ästhetische Erziehung des Menschen" von 1795, dass der ‚Stoff', der Inhalt eines Gemäldes, eines Romans, eines Theaterstücks nicht die ‚Kunst' dieser Werke ausmacht. Die ‚Form' dagegen wirke auf das Ganze des Menschen. Sie erst erhebe den Stoff, den Inhalt zum Kunstwerk. Danach wäre der Ort des Treffens – der Raum – das Formgebende und damit das wichtigste Element. Hier allerdings würde ich Schiller widersprechen. Beides muss stimmen: Nur in der Synergie beider Elemente – Form wie Inhalt – entsteht ein Kunst-Werk, dessen Wiederholung lohnt, so auch das Aphoristiker-treffen.

EVA ANNABELLE BLUME

Im Glauben an ihre Macht fehlt es manchen Menschen am Vermögen,
sich mit Schwächen zu stärken.

Die Unruhe zeugt Gedanken, die erst in Umgangsruhe reifen.

Erst Abwege im Leben führen zur Konstruktion der eigenen Landkarte.

CHARLOTTE BÖHLER-MUELLER

Lieber Neid als Mitleid verdienen.

Man muss schon sehr unbedeutend sein, um keine Feinde zu haben.

Ist die Abwesenheit von Unglück nicht Grund genug, um glücklich zu sein?

INGMAR BRANTSCH

Es gibt nichts Dümmeres als Männer, weil sie nur Frauen im Kopf haben.

Hegel widerlegt. Der Mensch ist, was er isst. Aber nachdem die Kannibalen
die Missionare gegessen hatten, waren sie noch lange nicht katholisch.

Als Schizophrener ist man ein Kollektiv.

„Es ist seltsam: Der **Aphorismus** als ein
ausgesprochener Liebling des literarischen Publikums
ist das Aschenbrödel der literarischen Wissenschaft."
(Hermann U. Asemissen)

„**Aphorismen** finden nur als Nebenzweig, Fallobst
oder Zittergras gelinde Aufmerksamkeit."
(Elazar Benyoëtz)

Aphorismen –

Tummelplatz für literarische Grenzgänger

JÜRGEN WILBERT

Aphoristikertreffen? – Ja, Aphoristiker treffen sich. Was soll daran schon Besonderes sein? Könnte man meinen. Es ist in der Tat etwas Besonderes, ja Außergewöhnliches, denn ein Treffen dieser literarischen Zunft hat es vorher in Deutschland (möglicherweise in Europa) noch nicht gegeben, selbst in Göttingen nicht, der Wirkungsstätte Georg Christoph Lichtenbergs, des Großmeisters dieser Gattung in Deutschland. So fand tatsächlich erstmalig im November 2004 in Hattingen, einer kleinen, kulturell ambitionierten Stadt an der Ruhr, im dortigen Stadtmuseum das 1. bundesweite Aphoristikertreffen statt.

Wieso eigentlich Hattingen? Dort ist die Idee zu einem solchen Treffen vom Verfasser dieser Zeilen, selber Aphorismenliebhaber und -schreiber, in seiner Eigenschaft als Leiter der vhs Hattingen geboren und zusammen mit der Leiterin des Stadtmuseums, **Petra Kamburg**, schließlich realisiert worden. Während der Vorbereitungen zur ersten Tagung im Jahr 2004 wurde auch der Kontakt zum Aphorismenforscher **Dr. Friedemann Spicker** (Königswinter) hergestellt. So kam die Zusammenarbeit dieses Trios zustande und hat sich inzwischen auch beim 2. Aphoristikertreffen im November 2006 bewährt. Diese Drei legen Ihnen nun die Beiträge zur 2. Tagung vor. Nach der Dokumentation zum 1. Treffen unter dem Titel „Gedankenflug"[1] heißt dieser Band „Gedankenspiel", und das nicht von ungefähr, denn das 2. Treffen war dem facettenreichen Thema *„Der Aphorismus zwischen Wortspiel und Erkenntnis"* gewidmet.

Das 2. Forum der Aphoristiker/innen knüpfte auch inhaltlich an die Erfahrungen des ersten Treffens an. Ging es bei der Premiere 2004 eher um grundsätzliche Fragen der Gattungsbestimmung und um den Stellenwert des gesellschaftskritischen Aphorismus in Polen, so stand bei den zweiten Hattinger Aphoristikertagen der polare Spannungsbogen des „Aphorismus zwischen Wortspiel und Erkenntnis" im Mittelpunkt. Im Förderantrag an die KUNSTSTIFTUNG NRW, die auch das 2. Treffen unterstützt hat, heißt es: „Das erste Treffen mit rund 40 Autorinnen und Autoren u.a. aus Österreich, Polen, Frankreich und Großbritannien war ein großer, auch überregionaler Erfolg. Dies betrifft sowohl den fachspezifischen Austausch der Tagungsteilnehmer/innen als auch die vielen begleitenden Publikumsveranstaltungen u.a. in Schulen, Buchhandlungen. (...) Das langfristige Ziel ist, für die Aphoristiker/innen, die Verfasser/innen einer nach wie vor vernachlässigten literarischen Gattung, ein Forum zum aktuellen fachlichen Austausch zu schaffen und fest zu verankern." Mit der Bewilligung der Förderung hat die Kunststiftung die Qualität des Projekts gewürdigt.

Wortspiel und Erkenntnis – damit sind die beiden Pole der Begriffsbestimmung und -geschichte des Aphorismus benannt: die Betonung des Spielerischen auf der einen, die Pointierung des Gedanklichen auf der anderen Seite. Aphorismen schwanken sozusagen zwischen Erlebnis und Erkenntnis und verknüpfen im besten Falle beide Aspekte miteinander. So lautet die Definition von Gerwin Marahrens: „Ein Aphorismus ist die komprimierte, pointierte und polar ge-

spannte Formulierung eines subjektiven, in sich selbständigen, über sich hinausweisenden Gedankens in aussparend darstellender Kunstprosa." Friedemann Spicker siedelt den Aphorismus „als unsystematisches Erlebnisdenken und Erkenntnis-Spiel im Grenzgebiet von Wissenschaft, Philosophie und Literatur" an. Aphoristiker sind – so betrachtet – die reinsten Grenzgänger. Diverse Sentenzen über Aphorismen belegen dieses Selbstverständnis:

„Aphorismus: ein Handstreich mit dem Kopf."

(Karlheinz Deschner)

„Der Aphorismus ist eine Behauptung, die durch ihre Formulierung bewiesen wird. Wer einen Aphorismus begründen will, schwächt ihn ab."

(Sigmund Graff)

„Aphoristisch denken ist der Versuch, der Unvollkommenheit gedanklicher Perfektion zu entgehen."

(Hans Kasper)

„Im Aphorismus stoßen Darstellungs- und Erkenntniskraft zusammen."

(Hans Schumacher)

Eine weitere dem Aphorismus wesentliche Zielsetzung, nämlich die kritisch-innovative Note, betont Sigmund Graff in seiner Begriffsbestimmung: „Aphorismen sind Störsender, die mit dem Florett des Witzes gegen die allgemeine Gedankenlosigkeit und Gleichgültigkeit kämpfen." Für Kurt Marti sind „Aphorismen fast immer Nadelstiche gegen System-Denken und Konvention." Oder, um es mit eigenen Worten auszudrücken: „Aphorismen sind Stolpersteine gegen landläufige Meinungen."[2]

Neben einer sprachlich-stilistischen sowie gedanklich-philosophischen Akzentuierung ist dem Aphorismus eine besondere Beteiligung des/der Lesenden zu eigen. Um den Sinn zu erschließen, ist jeder Aphorismus in besonderer Weise auf eine kritisch-konstruktive Weiterarbeit angewiesen, es hat stets eine geistreiche Fortsetzung zu erfolgen.

Inwieweit Aphorismen praktische Lebenshilfe sein können, darüber gehen die Meinungen allerdings weit auseinander. Wolfdietrich Schnurre meint jedenfalls: „Wer vom Aphorismus praktische Lebenshilfe erwartet, der kann genauso gut einen Skorpion um Blutspende bitten." Den unerhörten Balanceakt aphoristischen Schreibens beschreibt Elazar Benyoëtz wie folgt:

„Im Aphorismus gewinnt das Unhaltbare sein Gleichgewicht."

Was den Stellenwert des Aphorismus innerhalb des Literaturbetriebs und der Literaturgeschichte betrifft, so gelangt der renommierteste deutschsprachige Aphoristiker der Gegenwart unverblümt zu dieser Einschätzung: „Wer sich dem Aphorismus verschreibt, der hat sich verschrieben. Der Aphorismus kann sich durchschlagen, nicht durchsetzen. Er spielt keine Rolle, und die

ihn verfertigen, sind nicht im Gespräch, als würden sie nicht zur Literatur gehören (...)."[3] Immerhin bieten die Aphoristikertreffen in Hattingen den Autoren dieser eher „im Schatten blühenden" Gattung ein Forum zum Gedankenaustausch und zur publikumswirksamen Verbreitung. Im Grußtelegramm zur Tagung 2006 ging Elazar Benyoëtz in seiner ganz eigenen Weise auf das existenziell Kontroverse des Aphorismus ein: „Wo immer gespielt wird, tauchen Spielverderber auf."

Die Beiträge in diesem Buch spiegeln das gesamte Spektrum der Sicht- und Behandlungsweisen im Umgang mit dieser Polarität wider. Die Autoren haben dabei ihre jeweils eigene Textform gewählt: vom Essay Rumpfs über den Werkstattbericht Rings´ sowie den gattungstheoretischen Vergleich Hartmanns bis zu Spickers biographischer Skizze. Dazwischen gleichsam eingestreut – als konkrete Belege der ganz unterschiedlichen Zugangs- und Ausdrucksweisen – finden sich ausgewählte Aphorismen der Tagungsteilnehmer/innen. Bildhaft aufgelockert und „untermalt" wird das Ganze durch Illustrationen von den vier Künstlern **Michael Görler** (Hattingen), **Zygmunt Januszewski** (Warschau), **Joachim Klinger** (Hilden), und **Hans-Joachim Uthke** (Haan). Sie setzen ausgewählte Aphorismen auf ihre persönliche Art zeichnerisch um und geben ihnen so ihre ganz individuelle Ausdruckskraft.

Im ersten Abschnitt setzen sich vier Aphoristiker mit dem Selbstverständnis ihrer Gattung auseinander: **Gerhard Uhlenbruck** und **Michael Rumpf** geben spezifische Antworten auf die Schlüsselfrage: „Zu welchen Erkenntnissen können Aphorismen führen?" Erkenntnis als Erlösung von Irrtum und Trivialität auf der einen Seite, Erkenntnis als Abwehr auf der anderen Seite – auf diese Sichtweisen laufen die jeweiligen Ausführungen hinaus.

Hanspeter Rings und **Anselm Vogt** beschäftigen sich in ihren Referaten mit dem Zusammenspiel von Gattung und Autor. Hier lauten die zentralen Fragen: Wieso und wozu wählt ein Verfasser diese literarische Kurzform? Rings bezieht sich durchgängig auf die klassische Antinomie: dionysisch versus apollinisch, womit bei ihm vor allem die Auseinandersetzung zwischen irrationalen und rationalen Aspekten bei der Textproduktion gemeint ist. Vogts Thesen drehen sich zentral um das Ausloten bzw. Aushalten des Widerspruchs zwischen intellektuellem Anspruch einerseits und systematischem Erkenntnisdefizit, ja bisweilen gänzlicher Beliebigkeit der Aussage, andererseits.

Der zweite Abschnitt ist ganz dem Regionalaspekt der Gattungsgeschichte gewidmet. Der Aphorismusforscher Friedemann Spicker würdigt in seinem Beitrag das Lebenswerk der kürzlich verstorbenen Ruhrgebietsautorin **Liselotte Rauner** und beurteilt es im Rahmen des damaligen Zeitgeistes. Danach kommt der Bochumer Schriftsteller und Aphoristiker **Hugo Ernst Käufer** selbst zu Wort, der Rauners Werdegang als engagierte Aphoristikerin und Lyrikerin viele Jahre begleitet, ja gefördert hat. Käufer, ein Mitbegründer des Werkkreises „Literatur der Arbeitswelt", erläutert in seinen „Versuchen über den Aphorismus" thesenartig, was einen Aphorismus im Wesentlichen auszeichnet.

Im dritten Kapitel werden zwei wichtige Nachbargebiete der Aphoristik behandelt. Der Sprichwortforscher **Dietrich Hartmann** vergleicht in seinem gattungstheoretischen Referat die sprachlich-stilistischen Eigenschaften von Redewendungen, Sprichwörtern und Aphorismen. Dazu zieht er viele Beispiele vorzugsweise von Marie von Ebner-Eschenbach heran. Neben den Sprichwörtern und Redewendungen bildet die Werbesprache ein weiteres interessantes Überschneidungsfeld. Den Unterschieden und Gemeinsamkeiten widmete sich **Frank Dopheide** von der Düsseldorfer Werbeagentur Grey Worldwide Germany in seinem Beamer-Vortrag „Wenn die Werbung Sprüche klopft". Seine schlaglichtartigen Thesen sind hier in komprimierter Form abgedruckt.

Im Anhang sind auszugsweise die erlebnisorientierten Beiträge zum Aphoristikertreffen am 3.11.2006 wiedergegeben. An diesem Tag ist Hattingen wegen seiner Aktivitäten um den Aphorismus bei der Kampagne „Deutschland –

Land der Ideen" als preisgekrönter Ort ausgewählt und gewürdigt worden. Dies wurde nach dem musikalischen Kabarettabend (**Wendelin Haverkamp**) mit einem „Licht- und Wortspektakel" auf dem Marktplatz in Blankenstein unmittelbar vor dem Stadtmuseum gefeiert. Der Rap-Poet **Max Bilitza** aus Mülheim an der Ruhr hat dazu eigens eine Apho-Poetische Performance erarbeitet und präsentiert, deren Text hier wiedergegeben wird.

Parallel dazu gab es ein aphoristisches „Wort-Licht-Spiel" von **Thomas Rath**, einem Videokünstler, bei dem einzelne Sentenzen von einem extra-lichtstarken Beamer eindrucksvoll auf die Fassade des Stadtmuseums geworfen wurden. Hier tanzten gleichsam Buchstaben, Silben, Worte magisch auf der Hausfassade, bevor sie dann zu einem schlüssigen Satz der Erkenntnis zusammenfanden und beim Publikum für erhellende Überraschungen sorgten.

Abschließend finden sich ein Tagungsrückblick, eine kurze Beschreibung des Deutschen Aphorismus-Archivs, das am 3.11.2006 der Öffentlichkeit vorgestellt wurde, sowie eine Liste der Tagungsteilnehmenden und der Referenten.

Im Ausblick auf die Aktivitäten der Kulturhauptstadt Ruhr 2010 ist Hattingen bereits jetzt mit den Aphoristikertreffen und dem Aphorismus-Archiv als bemerkenswerter Ort erwähnt.[4] Die nächsten Treffen werden auf jeden Fall die europäische Dimension des Aphorismus stärker in den Mittelpunkt stellen: so 2008 voraussichtlich die westeuropäischen Länder England und/ oder Frankreich und 2010 osteuropäische Länder (einschließlich der Baltischen Staaten) und deren Beitrag zur Geschichte des Aphorismus. Die Veranstalter freuen sich bereits jetzt auf die Erweiterung des aphoristischen Horizonts und auf neue Besucher/innen aus Europa – ganz im Sinne von Werner Mitsch:

> *„Bei der Völkerverständigung sind kleine Gesten wichtiger als große Worte."*

Anmerkungen

[1] Kamburg, Petra & Wilbert, Jürgen (Hrsg.), Gedankenflug – Aphorismen & Illustrationen (Essen: Klartext 2005)

[2] Wilbert, Jürgen, Hirnbissiges (Marburg: Basilisken 2006)

[3] Benyoëtz, Elazar, Die Eselin Bileams und Kohelets Hund (München: Hanser 2007)

[4] Hosfeld, Rolf (Hrsg.), Ruhrgebiet Kulturverführer – Essen Kulturhauptstadt 2010 (Hamburg: Metz 2006)

Joachim Klinger, Hilden

„Gegen Aufgeblasenheit helfen Sticheleien."
Jürgen Wilbert

„Wo immer gespielt wird, tauchen Spielverderber auf."

Grußwort zum Aphoristikertreffen

ELAZAR BENYOËTZ

Es kommt vor, dass die Weite die Enge sucht, dann entsteht ein nuklearer EinSatz. Im Aphorismus gibt es keinen Raum für große, fette Worte, aber auch die dünnen ersticken, wenn ihnen der Spielraum zu eng wird. Der Enge und der Knappheit bewusst, denkt der Aphoristiker in Spielräumen. Für jedes Wort muss Spielraum gewonnen werden. Mit der Sprache wird freilich überall gespielt, in der Aphoristik ist das Wortspiel aber eine Frage auf Biegen oder Brechen. Darum gehört das Wortspiel zu den Erweckern der Gattung wie zu ihren Totengräbern. Wortspielerei ist der größte Vorwurf, unter dem die Aphoristik zu leiden hat.

Dass ich mit dem Thema der Tagung und nicht mit ihrer Besonderheit begonnen habe, liegt an der Frage vom Leben und Tod einer Gattung. Es wurde nie aufgehört, Aphorismen zu schreiben, und große Namen, zu Meistern ausgerufen und gekrönt, kommen alle dreißig bis fünfzig Jahre vor, und doch wurde der Aphorismus totgesagt.

Dass es so kommen konnte, hängt vom mangelnden Gattungsbewusstsein der Schreiber selbst ab, liegt zugleich aber auch an der Art ihrer Bücher.

Der Aphoristiker tritt immer mit einem hohen Anspruch auf, er will mit einem Satz oder auf einer Seite soviel gesagt haben, wie andere mit ihren weitläufigen Büchern. Mit dem einen Satz stellen sie sich in Opposition zur Bücherwelt, zu jener eben, die Gattungen bestimmt und überleben lässt.

Die Welt der Literatur ist die Welt der Leser. Aphoristiker scheinen aber nicht für Leser zu schreiben: Ihre Bücher können nur auf- und nachgeschlagen werden; sie geben zu denken, manchmal zu lachen, sind aber nie zum Lesen. Ein Satz kann einschlagen wie der Blitz, ein Buch aus Sätzen kann es nicht. Der große Anspruch wird als anmaßend registriert und abgewiesen. Die Abwehrmethoden gegen Aphorismen sind zahlreich und raffiniert. Der Aphoristiker verliert seine Leser, noch ehe er sie gewinnen konnte.

Nun litt die unbestimmte Gattung aber an einem noch größeren Gebrechen: Sie hatte keine

Geschichte, auf die sie zurückblicken, auf die sie sich beziehen und berufen konnte. Wer aber keine Geschichte hat, der geistert herum, der zigeunert durch die Welt und tritt nie in Erscheinung. Das Fehlen einer Geschichte des Aphorismus beförderte die Nachricht von seinem Tod. Diese Nachricht wurde allerdings nicht zu schmerzlich empfunden, auch wurden Lamentationen nicht laut, und dies aus dem einen Grund, dass die großen Aphoristiker fast immer vom Ruhm ihrer anderen Werke leben und ihr literarisches Bewusstsein darum auch keine Schäden zu befürchten hat. Ihre so gerühmten Aphorismen entstanden als Nebenwerk, in kleinen Mußestunden.

Das wird auch der Grund dafür sein, dass man es mit Definitionen der Gattung nicht eilig hatte. Die Gedanken zur Gattung *Aphorismus* haben sich in den letzten 50 bis 70 Jahren vermehrt und befestigt; verdienstvolle, reichhaltige, auch tiefsinnige Arbeiten entstanden, die hier nicht aufgezählt werden können. Das Wichtigste aber muss hier genannt werden, weil damit der Sinn der Tagung aufgeht: Durch Friedemann Spicker bekam der Aphorismus *seine Geschichte* – und somit sein neues Bewusstsein. Nun kann der Aphorismus als selbständige Gattung ins Dasein gerufen und mit allen anderen gleichgestellt werden. Die Tagung zeugt für die Lebendigkeit des Aphorismus, und die große Anzahl der Anwesenden wie das öffentliche Interesse beweisen, dass der hohe Anspruch des EinSatzes der Zeit nicht nur entgegenkommt, sondern ihre Entsprechung ist: Wir haben keine Zeit, also keine Worte zu verlieren.

CLAUDIA BREFELD

Wer andere in den Schmutz zieht, kann dabei keine weiße Weste behalten.

Die Verantwortung liebt das leichte Leben, sie will getragen werden.

Wer alle Fäden in den Händen halten will, verstrickt sich leicht darin.

ALEXANDER EILERS

Megaphone verstärken die Hörigkeit.

Wie man andere in Widersprüche verwickelt? Einfach ausreden lassen.

Doppelmoral. So sicher wie die Armen vor der Kirche.

KATHARINA EISENLÖFFEL

Rück die Dinge ins richtige Licht und sie werden leuchten.

Tust du Gutes um des Lobes willen, wird die gute Tat eine halbe Tat sein.

Du wähnst dich in Sicherheit, weil sich die Gefahr versteckt hält.

ARTHUR FELDMANN

Es ist nur zu hoffen, dass am Anfang die Tat war und nicht der Täter.

Man kann seiner Zeit voraus sein, indem man ihr den Rücken kehrt.

Ich komme mit Leuten, die einen Vogel haben, nie auf einen grünen Zweig.

TOBIAS GRÜTERICH

Der ängstliche Autor verstümmelt jede Anspielung zum Zitat.

Philosoph ist, wer wider besseres Wissen denkt.

Das Misstrauen hält sich für klüger, das Vertrauen für besser.

PETER HOHL

Wie kannst du behaupten, dass ich keine Kritik vertrage?
Das ist eine unverschämte Unterstellung!!!

Manche Sachen sehen richtig albern aus, wenn sie nicht mehr modern sind.

Ich glaube an Gott. Aber ich glaube nicht an all die Menschen, die mir
angeblich von ihm ausrichten sollen, was ich tun darf.

Zu welchen Erkenntnissen können Aphorismen führen?

GERHARD UHLENBRUCK

Als Mediziner beschäftigt man sich ganz besonders mit der Frage, zu welchen Erkenntnissen Aphorismen führen können, und zwar vor allem, wenn man auf dem Gebiet der Medizin und Immunbiologie tätig ist. Auch hier spielt ja das Erkennen eine ganz wichtige Rolle, bei der medizinischen Diagnostik ebenso wie in der Wissenschaft, die etwa biologischen Zusammenhängen nachgeht, die das Krankheitsgeschehen bedingen bzw. begleiten. Hinzu kommt das intuitive Erkennen des Arztes, der aufgrund seiner Erfahrung und erworbenen Menschenkenntnis befähigt ist, oft in humorvoller, ad hoc aphoristischer Weise (Denk-)Anstöße zu geben zur Compliance (konzertierte Koalition Arzt – Patient) mit dem Ziel einer grundlegenden Änderung der Lebensweise des Patienten. Diese Überlegungen führen uns aber schon zu den Quellen der Aphoristik in der Antike.

Der Aphorismus liegt dem Mediziner nämlich auch deshalb nahe, weil der griechische Arzt Hippokrates als der Urvater nicht nur der Ärzte, sondern auch aller Aphoristiker gilt.[1] Er hat in seinen Aphorismen den Menschen Wahrheiten und Weisheiten für eine gesunde Lebensführung mit auf den Weg gegeben. Und so verwundert es nicht, dass diese Tradition bis auf den heutigen Tag von Ärzten, die sich auch schriftstellerisch betätigen, aufgegriffen wird. Zum Beispiel erscheint kein jährlicher Almanach dieser schreibenden Mediziner, in dem nicht einige Aphorismenbeiträge, oft von weitgehend unbekannten Autoren, enthalten wären. Am bekanntesten sind die aphoristischen Notizen der Ärzte Peter Bamm, Hans Rudolph Franzmeyer, Gert Udo Jerns, Gerhard Jörgensen, Gerhard Uhlenbruck und auch Gottfried Benn, um nur einige zu nennen.[2] Ein besonderes Unterkapitel kommt hinzu: Aphorismen von Wissenschaftlern auf dem Gebiet der Medizin und Naturwissenschaften. Erwin Chargaff ist ein herausragender Vertreter dieser Richtung, indem er die moderne Naturwissenschaft äußerst kritisch hinterfragt.

Aber es gibt nicht nur die schreibenden Ärzte und Wissenschaftler. Auf der anderen Seite haben sich auch viele Schriftsteller, die mit Krankheit, Tod und natürlich auch mit den Ärzten konfrontiert wurden, aphoristisch dazu geäußert. Hanns-Hermann Kersten, Gabriel Laub, Robert Gernhardt, Johannes Groß, Erich Fried und vor allem Werner Mitsch sind in diesem Zusammenhang zu nennen: Sie geben sozusagen Erkenntnisse von unten wieder, oft in sehr provozierender Weise, was wiederum den kritisch betrachteten Ärzten zu einigen Erkenntnissen und zur Korrektur ihres Verhaltens verhelfen kann. In solchen Aphorismen werden viele Aspekte der Erkenntnis von Lebensweisheiten präsentiert, „Lebensregeln, die ein gesundes Leben regeln". Das bedeutet eine praktische Alltagsphilosophie, die eine Art aphoristischer Gebrauchslyrik variiert.

Die Frage, die den Arzt nun interessiert, lautet: Führen diese „Heilsätze" auch zu Erkenntnissen, die dann unsere Lebensführung beeinflussen können, wie ich das an anderer Stelle zu zeigen versucht habe?[3] Wir wissen, nicht zuletzt auch durch Untersuchungen von Beatrice Wagner,[4] dass die „normalen" medizinischen Informationen, vermittelt durch die verschiedenen Medien, nur unser faktisches Gedächtnis erreichen und somit oft ihre Wirkung verfehlen (man denke nur an die Kampagnen gegen das Rauchen oder gegen Fehlernährung und Bewegungsarmut). Sie treten nicht in unser bildhaftes, episodisches Gedächtnis ein, welches vorwiegend von unserer Autobiografie geprägt wird und sich aus Bildern und Episoden bzw. „Events" zusammensetzt, die uns emotional bewegt haben. Die Bilder des episodischen Gedächtnisses, Teil unserer Vergangenheit, Gegenwart und Zukunft, haben das gespeichert, was mitbestimmend für unseren Alltag und unsere Wertvorstellungen ist. Insofern ist unser episodisches Gedächtnis handlungsanleitend und richtungweisend, also genau das, was wir Ärzte ansprechen müssen, während das faktische Gedächtnis meist nur theoretische Inhalte beherbergt, die weniger gut haften bleiben und fortwirken. Wie aber erreichen wir das episodische Gedächtnis der Menschen?

Der Aphorismus, und nicht nur der medizinisch-gesundheitlich orientierte Leitspruch, vermag es nun, mit Hilfe seiner geistreichen Formulierung, seinem pointierten Witz und der Brillanz seiner geschliffenen Aussage, geistesblitzartig eine Brücke zwischen faktischem und episodischem Gedächtnis zu schlagen, wodurch er Einfluss auf unser Denken und unser Leben gewinnt, d.h. Erkenntnisse, die der Aphorismus vermittelt, werden nicht mehr nur im faktischen Gedächtnis abgespeichert, sondern haben Folgen für die Gestaltung unseres Lebens, z.B. in Form verbaler und mentaler Vorsatzbildung. Damit erfüllen sie eine ähnliche Funktion, wie sie die Werbung nutzt. Daher ist es nicht verwunderlich, dass folgendes Phänomen zu beobachten ist: Je größer der sprichwörtliche Charakter eines

Aphorismus ist, um so eher haftet er im episodischen Gedächtnis der Menschen. Interessant ist in diesem Zusammenhang, dass tatsächlich große Denker und Philosophen weniger durch die Beschäftigung mit ihrem Werk im Bewusstsein des Volkes weiterleben als vielmehr durch einige ihrer gängigen, griffigen und geistreichen Sentenzen. Man könnte hier Goethe, Nietzsche, Kant und viele andere nennen, die auf diese Weise auch in volkstümliche, aphoristische Sprüchesammlungen Eingang gefunden haben und auf diese Art ebenfalls eine Form der Brückenbildung zwischen den beiden Gedächtnisformen bewirken.

Umgekehrt profitiert die Werbung in höchstem Maße von der Aphoristik, besonders von der sprichwörtlichen Aphoristik bzw. von den Sprichwörtern selbst. Zusammenhänge, die Wolfgang Mieder immer wieder intensiv erforscht und dokumentiert hat.[5] Welche Unterschiede bzw. Beziehungen bestehen zwischen Aphorismen und Sprichwörtern? Ich möchte das folgendermaßen zu definieren versuchen: Aphorismen beinhalten aufgrund persönlicher Erfahrung und eigener Gedankengänge geistreich und witzig formulierte Lebensweisheiten, während Sprichwörter aufgrund allgemeiner Lebenserfahrungen durch den Volksmund verständlich formulierte Spruchweisheiten formulieren und, im Gegensatz zum literarischen Bildungsgut der Aphoristik, zur Allgemeinbildung gehören. Das schließt nicht aus, dass Aphorismen auch sprichwörtlichen Charakter an-

nehmen können. Ebenso kann die Variation von Sprichwörtern aphoristisches Niveau erreichen. Aphorismen wird jedoch ganz selten die Popularität von Sprichwörtern zuteil, wenn sie nicht, wie z.B. in der Werbung, durch einen Verstärker-Effekt einen gewissen Bekanntheitsgrad erhalten. (Vergleiche dazu in diesem Band die Beiträge von Dietrich Hartmann und Frank Dopheide.) Hierhin gehört auch die werbewirksame Initiative, den Aphorismus in Form des Hattinger Aphoristikertreffens ins Bewusstsein vieler Menschen zu bringen, um durch ein derartiges öffentliches Angebot den Brückenschlag vom faktischen zum episodischen Gedächtnis auf spielerische Weise, nicht ohne Event-Charakter und Medien-Unterstützung, noch stärker ins Werk zu setzen und zu festigen. Man könnte auch, wie ich es ausdrücken möchte, von einer Eventisierung der Aphoristik sprechen, deren Auswirkungen ein interessantes Studienobjekt darstellen würden. Einerseits wird auf diese Weise das Interesse an dieser Literaturgattung geweckt, andererseits kann der Weg über diese Brücke aber auch in umgekehrter Richtung begangen werden: Die Menschen werden dadurch angeregt, sich mit den Originalwerken philosophischer Denkweise auseinanderzusetzen oder selbst Aphorismen zu entwerfen. Doch Vorsicht ist dabei geboten: *„Die meisten Nachahmer lockt das Unnachahmliche"* lässt uns die genial begabte Aphoristikerin Marie von Ebner-Eschenbach wissen!

Während man sich mit dem Wahrheitsgehalt von Sprichwörtern schnell und „episodisch" identifizieren kann, fällt das beim anspruchsvolleren Aphorismus nicht immer so leicht. Seine nachdenklich stimmende Formulierungskunst ist eben nicht jedermanns Sache, und ihm gelingt selten der direkte Sprung in die Volkstümlichkeit eines Sprichworts. Er bleibt sehr oft im faktischen Gedächtnis verhaftet, obwohl man immer wieder versucht, ihn – z.B. durch Kalendersprüche oder Sprüchebüchlein für fast jeden Anlass – in das episodische Gedächtnis zu transferieren. Hier erreicht der „Event" eines Aphoristikertreffens mit seinen zahlreichen Anregungen (z.B. öffentliche und Schul-Lesungen, Diskussionsrunden, Vorträge etc.) weitaus mehr. Und das gilt nicht nur für den medizinisch-gesundheitlich orientierten Lifestyle-Aphorismus, sondern für alle Aphorismen, die sich mit Erkenntnissen aus allen Lebensbereichen pointenreich und nicht ohne Witz beschäftigen, beispielsweise die von mir als eigene Gruppe zusammengefassten Sport-Aphorismen.[6]

Wie kommt es aber zu Erkenntnissen durch Aphorismen? Der Begriff Erkenntnis ist nicht zuletzt auch tief in der immunologischen Wissenschaft verwurzelt. Der Erkenntnis dient unser Gehirn in fein koordinierter Zusammenarbeit mit den verschiedenen erkennenden Sinnesorganen. Erkenntnis dient, so gesehen, dem Sinn des Lebens, d.h. dem Ziel, das Weiterleben und Überleben des Lebens zu sichern, indem das erkannt wird, was zur Erhaltung und Vermehrung von Leben notwendig ist. Das heißt beispielsweise: Feinde dieses Lebens zu erkennen, Fluchtwege zu sehen oder Abwehrmöglichkeiten zu erkunden. Dazu gehört natürlich auch das Erkennen von Nahrungsquellen und adäquaten Wohnorten sowie das Erkennen des vermehrungswilligen und geeigneten bzw. zu einem passenden Partner. Das Immunsystem verhält sich ganz ähnlich auf der molekularen Ebene, d.h. es erkennt, was zum eigenen Körper passt und was nicht zu ihm passt, beispielsweise Viren und Bakterien, aber auch fremde Organe. Es wird daher nicht zu Unrecht auch als das sechste Sinnesorgan bezeichnet.

Wichtig ist in diesem Zusammenhang die Erkenntnis des zu einem Passenden. Das gilt nicht nur für den Partner, sondern auch für das ganz persönliche Biotop: die passende Nahrung, die passende Wohnmöglichkeit, die passende Umgebung, der passende Beruf etc.. Das von den Sinnesorganen unterstützte cerebrale Erkennen verhält sich ganz ähnlich wie das auf der molekularen Ebene der Immunologie: To discriminate between self and not-self. Was zu mir passend gehört und was nicht zu mir passt.

Erkenntnis wächst und wirkt eben nur auf einem dafür a priori geeigneten oder vorbereiteten Terrain, welches eine ganz grob präformierte Plastizität besitzt. In sie prägt sich eine zu dem betreffenden Individuum spezifisch passende Erkenntnis ein, denn nur das auf mich Gemünzte prägt mich, wenn es das Zutreffende auch nur annähernd, aber wirkungsvoll trifft. Diese präformierte Ebene, durch die eigenen Gene, spezifische Erfahrungen und persönliche Erlebnisse individuell modelliert, verhält sich zur aphoristisch formulierten Erkenntnis wie ein für sie geeigneter Boden bzw. Acker, auf den die Samenkörner fruchtbarer Spruchweisheiten fallen (von mir als „seed-of-speech and soil-of-soul"-Theorie bezeichnet: Proverbs more than aphorisms are the seeds of speech, which grow only in a receptive soil of soul).

Nicht von ungefähr leitet sich der Begriff der Fitness von to fit (= passen, sich anpassen) ab. Und genau daran lässt sich der Erkenntniswert von Aphorismen messen: Entweder sie passen zu unserer eigenen Erfahrungswelt und stellen auf diese Weise das Grundgerüst der Brücke her, um unser faktisches mit unserem episodischen Gedächtnis zu verbinden und zu festigen, oder aber sie finden keinen Bezug zu unserer erlebten Welt, d.h. sie werden uns zu keinen neuen Erkenntnissen verhelfen können. Sie verbleiben dann als theoretische Erkenntnisse im Faktischen haften, weil wir sie aufgrund unserer Autobiografie nicht nachvollziehen können, was übrigens bei Sprichwörtern nie der Fall ist: Jeder kann sie nachvollziehen, ja sie existieren sehr oft in mehreren Sprachen als eine Art von Globalisierung dieser Weisheiten. Ganz anders die Aphorismen, die ähnlich wie ein persönlich an uns gerichtetes Sprichwort eigene emotionale und rationale Erlebnisse satzweise formulieren. Dann fühlen wir uns bestätigt, und die ein oder andere Erkenntnis wird in uns gefestigt oder hinterfragt, denn sie passt uns bzw. zu uns. So ist es nur zu verständlich, dass viele Menschen ihren „Lieblings-Aphoristiker" entdecken und sich in ihm mehr oder auch weniger wiedererkennen.

So gesehen machen uns Aphorismen sicherer in unserer Einschätzung der Phänomene, die das Leben mit sich bringt. Man könnte es auch so ausdrücken: Der Weg zur Erkenntnis ist mit den Steinen aphoristischer Weisheiten gepflastert. Mit anderen Worten: Der Weg ist das Ziel, wie das in Arthur Schopenhauers „Aphorismen zur Lebensweisheit", aber auch bei Jean Paul, Elias Canetti und anderen veranschaulicht wird. Wir finden im Aphorismus demnach nicht den Stein der Weisen, sondern miniaturkleine Mosaiksteinchen, die den Weg zur Weisheit säumen. Dieser Weg wird sein Ziel ohnehin nicht errei chen, auch nicht im Rahmen der großen Philosophiegebäude, denn die Rätsel des Lebens bleiben rätselhaft. Sie zwingen uns aber, den oben genannten Weg immer wieder mit unseren Gedankengängen, Aphorismen als Schritte benutzend, zu betreten und zu gehen. Dabei ist – sinnbildlich gesprochen – die geistige Bewegung (es steckt das Wort Weg darin!) äußerst anregend für die Entwicklung und das Training unseres Gehirns, d.h. für dessen Fitness, damit es sich besser anpassen kann, um die Aufgaben, die das Leben uns stellt, im Sinne der Erhaltung und Vermehrung (auch von geistigem Leben!) bewältigen zu können.

Der Arzt Hippokrates von Kos (460 bis 377 vor Christus) hatte seine Erkenntnisse aus der praktischen Erfahrung gewonnen und in seinen Aphorismen formuliert. Es gibt seitdem sicher zwei Bereiche von Erkenntnis, die als Quelle für Aphorismen dienen: Einmal Lebensweisheiten aus der mehr philosophischen Betrachtung des Lebens, zum anderen nachdenkliche Sprüche aus der Welt des Alltäglichen und Allzumenschlichen. Seltener gelingt es, Aphorismen aus Sprachspielereien zu entwickeln, letztere bieten eher witzige Formulierungshilfen an. Davon ist in den heilkundlichen Sätzen des Hippokrates nichts zu entdecken. Seine Sprüche erscheinen wie ganz einfache Lebensregeln, die auch heute noch aktuell und fast modern klingen, z.B. folgender Spruch: „Wenn wir jedem Individuum das richtige Maß an Nahrung und Bewegung

zukommen lassen könnten, hätten wir den sichersten Weg zur Gesundheit gefunden." Allein dieser Satz kann die These unterstützen, dass die Aphoristik der Kunst zuzurechnen ist, also eine literarische Form von Kunst ist, denn Kunst hat immer den Anspruch, etwas zu schaffen, was überlebt. Sie ist schöpferisches Aufbegehren gegen das Sterben und das Vergessen. Insofern spricht man auch von Lebenskunst, und Aphorismen haben dabei durchaus ihren Stellenwert.

Wenn man zusätzlich noch bedenkt, dass körperliche, sportliche Bewegung die Hirndurchblutung um bis zu 30% verbessert und cerebroprotektiv bzw. geistig anregend wirkt, dann stellt man ganz verblüfft eine direkte Körper-Geist- bzw. Leib-Seele-Beziehung fest, die durch geistige (Aphorismen als Denksportart) und körperliche Bewegung aktiviert und stabilisiert wird. Interessant in diesem Zusammenhang ist, dass gerade auch das Schreibzentrum bzw. das Areal für die Sprache im Gehirn von der sportlichen Tätigkeit profitiert, indem es stimuliert und aktiviert wird (unveröffentlichte eigene Beobachtungen bei Läufern). So gesehen gleichen Aphorismen Edelmineralien, die durch den Schweiß des denkenden und sich bewegenden Körpers aus dem Stein der Weisen (oder ist es der Stein des Sisyphos?) ausgeschwemmt werden, um dann in der Mutterlauge nachdenklichen Reflektierens auskristallisieren zu können.

Unter diesen Aspekten muss man die anfangs gestellte Frage wohl umformulieren: Aphorismen führen nicht zu Erkenntnissen, sondern die Erkenntnisse führen dazu, dass wir sie in Form von Aphorismen auch für andere Menschen in prägnanter, geistvoller und witziger Form formulieren, damit sie, fast wie eine positiv besetzte Episode, in unserem bildhaften Gedächtnis haften bleiben und wirksam werden können. Aphorismen also als die molekularen Bausteine eines ganz persönlichen Denkgebäudes, oft aber auch als Substrukturen einer ganz allgemeinen Lebensphilosophie, mit der sich viele Menschen, wenn auch nicht alle (wie beim Sprichwort) identifizieren können. Aphorismen tragen auf diese Weise nicht nur zur Philosophie eines Lebensstils bei, sondern auch zur Erhaltung von Leben, weil sie es auf höchstem Niveau emotional und rational bereichern, zur Verbesserung seiner Qualität beitragen und es somit lebenswerter gestalten können: Geistesblitze als Lichtblicke in unserem Leben, die so manche Zusammenhänge erhellen. Oder, wie man es auch ausdrücken könnte: Kurze Sätze zur Lebensweisheit mit Leit- und Langzeitwirkung, die uns durch Witz, pfiffige Pointen und Esprit schmackhaft gemacht werden.

Anmerkungen

[1] Hippocratis: Aphorismen. Helmstädt 1778 (Reprint Leipzig o.J.)

[2] Vgl. Friedemann Spicker: Der deutsche Aphorismus im 20. Jahrhundert. Tübingen: Niemeyer 2004, S. 701-705.

[3] Gerhard Uhlenbruck: Alles kein Thema. Köln: Reglin 2000; ders.: Ein-Satz-Diagnosen. Wehrheim: Meditec 1991.

[4] Beatrice Wagner: Das episodische Gedächtnis von medizinischen Bildern. Med. Diss. Univ. München 2006.

[5] Beispielsweise Wolfgang Mieder: Sprichwörtliche Aphorismen. Wien: Edition Praesens 1999; ders.: Proverbs are the best policy. Logan: Utah State University Press 2005; ders.: „Andere Zeiten, andere Lehren". Sprichwörter zwischen Tradition und Innovation. Hohengehren: Schneider 2006 (Phraseologie und Parömiologie 18).

[6] Gerhard Uhlenbruck: Vom sprichwörtlichen Sinn von Sinnsprüchen im Sport. Spiridon Laufzeitschrift 10, 1994, S. 42-43.

Zygmunt Januszewski, Warschau

„Der Visionär verlor seine Anhänger an die Television."
Anselm Vogt

Aphorismus und Erkenntnis

MICHAEL RUMPF

Der Aphorismus, wie immer man ihn definieren mag, gehört zur Literatur und damit in das weite Gebiet des kunstvollen und künstlerische Ansprüche stellenden Umgangs mit Sprache. Wenn der Aphorismus mit dem Begriff „Erkenntnis" verknüpft wird, ist dies möglich, weil seine Oberbegriffe, Literatur und – weiter gefasst – Kunst, mit Erkenntnis zusammengebracht werden. Das wiederum ist nur möglich, wenn der alte Gegensatz nicht uneingeschränkt gilt, wonach die Kunst es mit der Schönheit zu tun hat, während Wahrheit auf Seiten der Wissenschaften – und eventuell der Philosophie – zu finden ist, eine lebbare Wahrheit vielleicht sogar nur mittels der Religion.

In der europäischen Tradition hat der Gegensatz zwischen Schönheit und Wahrheit ein ehrwürdiges Alter und geht oft mit dem zwischen Herz und Verstand einher. Kunst, das ist etwas fürs Herz, fürs Gemüt, die Wissenschaft etwas für den Verstand. Kunst strahlt Wärme aus, sie füllt die Seele; Wissenschaft ist stolz auf ihre unpersönliche Kälte, sie füllt den Geldbeutel. (Woraus sich schließen ließe, dass der Geldbeutel keine Seele hat und die Seele keinen Geldbeutel.) Über Jahrhunderte war die Kunst in Europa selten mit dem Begriff der Erkenntnis verwandt, das Schöne zierte das Heim, war aber gegenüber dem Wahren als dem Nützlichen minderen Ranges.

Mit dem 18. Jahrhundert setzten Versuche ein, die Kunst aufzuwerten und sie als eine andere Art der Erkenntnis, nämlich als sinnliche, gegenüber der höheren rationalen anzuerkennen. Alexander Gottlieb Baumgarten veröffentlichte 1750 und 1758 die zwei Bände seiner „Aesthetica", das erste Buch, in welchem Ästhetik im Sinne einer Philosophie der Kunst verwendet wird. Dennoch blieben bis heute Unterschiede zwischen Kunst und Wissenschaft, zwischen Schönheit und Wahrheit in Geltung, wobei die verschiedenen Künste ein je eigenes Verhältnis zu Wahrheit und Erkenntnis haben. Musik und Malerei stehen hinter der Literatur zurück, die kraft ihres Mediums, der Sprache, ein engeres Verhältnis zur Wahrheit hat. Welche Erkenntnis vermittelt eine Sinfonie, ein Gemälde, eine Kathedrale? Diese Frage wird als unangemessen verworfen. Jeder weiß, dass über Picassos „Guernica" nichts ausgesagt ist, wenn man das Gemälde auf die Aussage bringt, dass Kriege schrecklich sind. Leichter ist es scheinbar zu sagen, welche Erkenntnis man als Leser aus einem Roman gezogen hat. Doch wäre es ebenso fragwürdig, Tolstois „Krieg und Frieden" als Illustration der genannten Aussage hinzustellen. Romane, Dramen, Gedichte auf schlichte Nutzanwendung zu reduzieren, auf einen möglichst eingängigen und unverbindlichen Gehalt zusammenschnurren zu lassen, mag eine Erkenntnis benennen, die dem Autor im Sinn lag, das Eigentümliche der Dichtung geht unwiderruflich verloren.

Eine Ausnahme macht das kleinste, gerne übersehene und unterschätzte Mitglied der literarischen Familie, der Aphorismus. Er beansprucht Erkenntnis in dem Sinne, in welchem der Begriff im Folgenden, so unzulänglich wie zugänglich, benutzt werden soll, als Aussage über die Wirklichkeit. Eine Aussage, welche sich dem Anspruch stellt, als wahr oder falsch, wahr oder richtig beurteilt zu werden. Ein Aphorismus, der eine Erkenntnis bieten will, formuliert also einen Satz über die von allen geteilte und unter allen aufgeteilte Realität und setzt sich dabei dem Urteil des Lesers oder Zuhörers aus, dem Kopfnicken bzw. dem Daumensenken. Der

Aphorismus steht da als Meinung des Autors und kann sich nicht als Ansicht einer Roman- oder Dramenfigur ausgeben, seine Blöße nicht mit den Gewändern literaturtheoretischer Begriffe wie dem des „Erzählers", des „lyrischen Ichs" oder der „erlebten Rede" bedecken. Formuliert im Sinne des entwaffnenden – oder die Waffen reizenden – Zitats „Ich stehe hier, ich kann nicht anders", kann der Aphorismus immer auch anders. Insofern gibt es vielleicht ein „aphoristisches Er" oder ein „aphoristisches Sie" und das Experimentelle mag ihm als Entschuldigung für seine Vorläufigkeit abgenommen werden, das Apodiktische als Entschuldigung für seine Skepsis. Gleichwohl: der Aphorismus ist ein Versuch, der sich als Gelingen präsentieren muss, die Vermutung ist seine Ausnahme, die Behauptung seine Regel.

Es ist ein Gesetz der Gattung, die Literatur der Philosophie anzunähern, sie zeigt ihr Selbstverständnis und ihr Selbstwertgefühl in der Nähe zur Erkenntnis. Von daher ihre Absicht, nicht nur gut formuliert, sondern gültig zu sein, am liebsten allgemeingültig. Dies möchte ich mit einigen Hinweisen beglaubigen: Der Aphorismus meidet die abschwächenden und relativierenden Adverbien, er meidet das „manchmal" wie das „hin und wieder", das „fast" wie das „beinahe", das „hier und da" wie das „ab und zu". Er formuliert oft so, dass ihm ein „immer" anergänzt werden kann.

Wenn La Rochefoucauld feststellt „Die Launen unseres Naturells sind noch befremdlicher als die des Schicksals", vermeidet er das relativierende ‚manchmal', das ‚oft' oder ‚meistens'. Alle abtönenden Partikel sind weggelassen, um die Aussage in ihrer Allgemeingültigkeit nicht zu beeinträchtigen. Seine Absicht, das angeblich bekannte Ich als fremder hinzustellen denn das abweisende Schicksal, die Nähe in die Ferne zu schieben und ihr die Vertrautheit zu nehmen, führt dazu, eine Erkenntnis zu schärfen, die, milde und abgewogen vorgetragen, ihre die Denkgewohnheit aufschneidende Schärfe verlöre. Die Umkehrung der Wertung, die der Aphorismus praktiziert, um dem Gewohnten seine Defizite nachzuweisen, drängt zur abtönungslosen Formulierung.

Wenn Rivarol dekretiert: „Die Betschwester glaubt den Priestern, der Freigeist den Philosophen; beide sind leichtgläubig", ergeht er sich nicht in den möglichen Differenzierungen „Viele Betschwestern glauben den Priestern, viele Freigeister den Philosophen", was den erwähnten Nachsatz erlaubte, oder – „Viele Betschwestern glauben den Priestern, wenige Freigeister den Philosophen", was den Nachsatz fast sinnlos machen würde. Rivarol pointiert und stellt zwei Typen in Beziehung, die normalerweise als Gegensätze eingeschätzt werden würden. Er hebt einen vermeintlichen Unterschied auf, wendet sich gegen den Hochmut der Ungläubigen, die meinen, auf Gläubige von der Höhe ihres Scharfsinns herabschauen zu können, und urteilt aus einer Distanz, welche Konturen ineinander übergehen lässt.

Die Beispiele ließen sich beliebig vermehren, auch außerhalb der französischen Moralistik; sie bezeugen, dass der Aphorismus das Risiko der Verallgemeinerung eingeht, den Widerspruch, der in jeder Abschwächung seiner Aussage liegt, in Kauf nimmt, um einem Wesenszug zu folgen. Hier liegt die Wurzel seiner Radikalität, mit welcher er sich anschickt, der Regel ihre Ausnahme als gleichwertige Regel und der Ausnahme ihre Regelähnlichkeit zur Seite zu stellen. Das Relativierende, das durch die Fülle der geschriebenen, gesammelten und zusammengestellten Aphorismen zur Unbezweifelbarkeit gelangt, findet im Einzelsatz das Pauschalierende als Gegengewicht.

Ebenso fehlt dem Aphorismus die am nächsten liegende Kautele, das heißt, es fehlen ihm die Einschränkungen und Bescheidenheitsvorspänne von „ich glaube, dass", „ich meine, dass", „nach meiner Erfahrung", „meines Erachtens" u.s.w. Vielleicht wäre es ehrlicher, wenn La Rochefoucauld angemerkt hätte, die Launen unseres Naturells seien nach seiner Beobachtung noch befremdlicher als die des Schicksals, oder wenn Rivarol zur Debatte gestellt hätte, ob der Freigeist den Philosophen nicht so leichtgläubig ver

traue wie eine Betschwester den Priestern. Vielleicht wäre es aber auch langweiliger. Das Ich des Aphoristikers steckt im Satz, es braucht ihm nicht vorgespannt oder nachgetragen zu werden.

Der Aphorismus möchte, indem er das Allgemeine zur Erkenntnis bringt, in aller Munde sein, er träumt davon, Sentenz zu werden oder ihre Steigerungsform: geflügeltes Wort. Das geflügelte Wort – eine Lehnübersetzung der griechischen, bei Homer geprägten Formel, die als „rasch von den Lippen des Redenden zum Ohr des Hörenden eilende Worte" zu übersetzen wäre – bestätigt die in ihm vermittelte Erkenntnis durch die Vielseitigkeit seiner alltäglichen Verwendung. Die Überzeugungskraft, die der Aphorismus erhofft, beglaubigt sich in der Zustimmung, die im Zitat liegt. Dabei verblüfft, wie wenig Aphorismen es zur Sentenz oder zum geflügelten Wort bringen oder gebracht haben.

Zum einen liegt dies daran, dass das geflügelte Wort nicht unter dem Anspruch steht, eine Wahrheit durch die Lüfte des Gesprächs zu befördern, ihm genügt es, Zugehörigkeit zu fördern. Zwei Beispiele aus Goethes klassischem Drama „Iphigenie" können dies veranschaulichen. Berühmt ist die Weisheit „Lust und Liebe sind die Fittiche / Zu großen Taten" (2. Akt, 1. Auftritt),

eine Erfahrung, die Organisationspsychologen zu langen Abhandlungen über Motivation im Betrieb, über Mitarbeiterführung und die Bedeutung einer Vision für die Entwicklung des Unternehmens veranlasst. Mag Goethes Formulierung sich kaum aphoristisch anhören – es fehlt die Zuspitzung, die Pointe, sie schmeckt statt nach knackigem Salat nach gedünsteten Möhren, Metapher und Alliteration polieren, geben aber keinen rechten Schliff –, es geht ihr gleichwohl um eine Erkenntnis, die, da allgemein nachvollziehbar, in vielerlei Zusammenhängen aus dem Kontext genommen werden kann. Das zweite Beispiel stammt ebenfalls aus der „Iphigenie" und hat ebenfalls Aufnahme in Büchmanns Zitatenschatz von Georg gefunden: „Das Land der Griechen mit der Seele suchend" (1. Akt, 1. Auftritt). Diese Formulierung ist kein vollständiger Satz, sie zielt nicht auf Aphoristisches, jedenfalls nicht so, wie Goethe den Vers gedichtet hat –, womit nicht gesagt sei, dass Aphorismen immer eine vollständige Satzstruktur zeigen müssen. (Die Kunst, im und mit dem Aphorismus die Satznormalität zu verlassen, wäre eine eigene Studie wert. Sie ist Ausdruck seiner Skepsis gegenüber sozialer Normalität.) „Das Land der Griechen mit der Seele suchend" müsste sich, seines Rhythmus verlustig gehend, zur Aussage banalisieren lassen, dass viele Menschen sich nach Griechenland sehnen. Das Zitat wäre dann in Udo Jürgens Schlager über den griechischen Wein auf den Punkt gebracht. Hier bietet das geflügelte Wort nur einen harmlosen Papierdrachen, den man in der Gesprächsthermik steigen lassen kann. Die Wärme der Zugehörigkeit ist wichtiger als die Kälte der Erkenntnis. Zum anderen liegt es am Aphorismus selber, der den Abnutzungseffekt scheut, der in seiner Funktion als geflügeltes Wort liegen würde. Der „Büchmann" ist keine Schatztruhe von Aphorismen, nicht zuletzt deshalb nicht, weil die Bildungsbürgerschicht, die er bediente und mitdefinierte, bröckelt. Der Aphorismus hat seinen eigenen Kanon ausgebildet, an dem ausgewiesene Autoren mitbilden. Stellvertretend für viele erwähne ich Hans-Horst Skupy und Friedemann Spicker, deren Sammlungen repräsentative Geltung – Journalisten würden sagen „Kultstatus" – erlangt haben. Längst quellen die Schatztruhen des Aphorismus über, während der Zitatenschatz mit bescheidener Rendite wächst. Der „Büchmann" erlebt zwar weiterhin Neuauflagen, sein Umfang wächst aber nur geringfügig. Für jedes neu aufgenommene geflügelte Wort scheint eines zu veralten. Das Internet als elektronischer Büchmann versammelt die aphoristische Ernte, deren Quantität leichter zu steigern ist als ihre Qualität, auf vielen Seiten. Obwohl also weder alle Aphorismen zu geflügelten Worten werden noch alle geflügelten Worte aphoristisch formulieren, gibt es Zitate, in denen beide Sprachformen zur Deckung gelangen. Ich zitiere den berühmten Satz von Marie von Ebner-Eschenbach: „Eine gescheite Frau hat

Millionen geborener Feinde: alle dummen Männer." Das Ungefähre reicht, um dem Gesprächspartner das Wiedererkennen zu ermöglichen. Oder noch einmal La Rochefoucauld: „Wir haben alle Kraft genug, die Leiden anderer zu ertragen." Wenn solche Sätze, man nenne sie, wie man mag, keine Erkenntnis ausdrücken, wenn sie nicht auf Wirklichkeit beziehbar sind, bleibt die Titelfügung der beiden Begriffe ‚Aphorismus' bzw. ‚Erkenntnis' sinnlos.

Der Aphorismus ist der Erkenntnis zugewandt, weil er seinem Wesen nach aufklärerisch ist. Er wäre mit einer kleinen spitzen Wurfnadel zu vergleichen, mit welcher man auf dem Jahrmarkt die kleinen prallen Luftballons der Illusionen zum Platzen bringt. Es sind nicht irgendwelche Erkenntnisse, um die es ihm geht. Es gibt keine Aphorismen über die Nockenwelle oder die Energiesparlampe, keine über Zinseszins oder Pfandbriefe, keine über das Periodensystem oder über die binomischen Formeln. Es ist der Bereich des Menschlichen, um den es im Aphorismus geht. Unzählig sind die Sprüche über die Liebe oder den Tod, über die Ehe oder die Kunst, über die Tugenden oder die Laster. Insofern gehört der Aphorismus zur Selbstverständigung der Menschen über die Menschen, er will die Wolken des Irrens und Wähnens, des Sichtäuschens und Sichzufriedengebens vom klaren Himmel der Wahrheit wischen. Der Aphorismus hält die Gewissheit, die er im Einzelnen versprüht, aus, weil er weiß, wie viele seiner Artgenossen dasselbe tun, so dass sich insgesamt jene Einstellung einstellt, die er bevorzugt, die der Skepsis.

Einen Irrtum erkennen wir mit größerer Sicherheit als eine Wahrheit. Das „ecce veritas", das der Aphorismus als seinen Leitspruch küren würde, wiese – dem „ecce homo" gleich, dem es nachgebildet ist – auf ein schmerzliches Bild hin. Vielleicht lässt sich ein Leidenszug glätten, sorgenfrei wird das Antlitz nie erscheinen. Die Schwächen des Menschen werden jeden Theorie- und Ideologiewandel überdauern, seine Laster sich jeder politisch vorgegebenen Gesinnung anpassen. Aphorismen gehören jener aufklärerischen Tradition an, die mit Lessing den Weg zur Wahrheit als das dem Menschen Zukommende bezeichnet und die vollständige Wahrheit in Gottes Händen lässt. Sie sind sich dessen bewusst, dass die menschliche Fähigkeit zum Irrtum wie das menschliche Bedürfnis nach Illusion eine Hydra ist, der mit jedem Kopf, den man abschlägt, mehrere nachwachsen.

Im Denken wie im Verhalten wird es keine gerechte Welt, kein Reich Gottes, keine klassenlose Gesellschaft geben; zwischen der Erde und dem Paradies vertieft sich die Kluft mit jedem Kubikmeter Steine, die man in sie versenkt. Der Bereich der Aphorismen ist das Menschliche, sie leben aus dem Bewusstsein, dass Sprache das Menschliche ist. Von daher die Vorliebe für Sprachspiele, Sprachsprünge, Sprachwitz. Die Variabilität ist ein Reflex der Veränderbarkeit, die Abwandlung eine Probe auf den Wechsel, die Widersetzlichkeit ein Stück Borke vom Baum der Erkenntnis. Zur Menschlichkeit des Aphorismus gehört sein Leiden an sich selbst. Wer viele Aphorismen liest, spürt etwas von ihrer Sehnsucht, in einem Essay, in einer Reflexion, in einer Erzählung unauffällig zu verschwinden, den Glanz der Einsamkeit einzutauschen für die Wonnen der Gemeinsamkeit. Hineingleiten dürfen in einen größeren Text, in einen Zusammenhang, aus dem sie herausgebrochen wurden, das Spitzige abschleifen lassen, teilhaben und teilnehmen. Viele Autoren haben dieser Sehnsucht nachgegeben, von Nietzsche bis Cioran, von Chargaff bis Benjamin, von Leopardi bis Renard; wer sie aus der Gattung hinausdefinieren wollte, würde ihr schaden und ihre Fähigkeit, zur Erkenntnis beizutragen, beschädigen.

Abschließend möchte ich einen verdeckteren Zusammenhang zu bedenken geben, nicht den zwischen Aphorismus und Erkenntnis, sondern den zwischen Aphorismus und Erlösung, womit kein Gegensatz gemeint sein muss.

Es gibt die geläufige Erfahrung, dass im Aphorismus etwas aufblitzt, eine seltenere aber auch, dass in ihm etwas zur Ruhe kommt, zur Ruhe der Selbstgewissheit. Dieses Zur-Ruhe-Kommen, die Erfahrung, dass in der gelungenen Formulierung etwas zu sich selbst kommt und wir als Leser staunende Zuschauer sind, dass wir nicht dem Feuerwerk, das ein Budenzauber sein kann, beiwohnen, nicht dem Gedankenblitzlichtgewitter, sondern auf einen Satz schauen wie auf einen im Bergpanorama unverhofft ansichtig werdenden See, dieses Durchatmen statt des Luftholens hat für mich etwas von Erlösung: Die Idealform der Erkenntnis ist die Erleuchtung. Solche aphoristischen Sätze lassen sich in dreifacher Hinsicht als Erlösung betrachten:

1. als Erlösung vom Irrtum. Die Wahrheit eines solchen Satzes befreit von Fehlmeinungen wie die Einsamkeit von den Zugeständnissen des Bedürfnisses nach menschlicher Nähe.

2. als Erlösung von der Trivialität. Die Wahrheit eines solchen Satzes befreit von Belanglosigkeiten wie das Ritual von der Zufälligkeit bloß subjektiver Handlungen.

3. als Erlösung vom Geschwätz. Die Wahrheit eines solchen Satzes befreit vom unterbrechungslosen Gerede, das den Tagesablauf begleitet wie Plastikmusik den Einkauf – Knappheit als Einrede gegen das allgegenwärtige Vielzuviel.

Nähert sich der Aphorismus jenem seiner Pole, an dem das erlösende Moment keine Fahne des Besitzergreifens aufgerichtet hat, verändert er seine Zeitstruktur. Zeit, die zur Ruhe kommt, ist nicht mehr knapp. Der Augenblick blinzelt nicht länger, eine Träne an der Wimper, der Vergänglichkeit hinterher, er signalisiert in seinen Blinzelbewegungen nicht mehr die Morsezeichen des lateinischen Zitats, das uns auffordert, den Tag zu pflücken, die Zeit zu nutzen, den Wettlauf mit dem Tod durch rasante Zwischentempi scheinbar überlegen zu gestalten, der Augenblick sieht nicht im Moment die Vergänglichkeit, sondern in der Vergänglichkeit den Moment. Heiterkeit statt Hektik, jenes tiefe Bejahen, das dem Verneinen der Kritik immer heimlich gegenübersteht, Gelöstheit statt Lockerheit. Diese Aphorismen stellen ihren Fuß nicht in die Tür, um die Rechthaberei einzulassen, sie sind eine Tür, die allen offen steht.

BARBARA HOTH-BLATTMANN

Am Anfang ist die Liebe sicher, am Ende versichert.

Es gehört Größe dazu, zu verzeihen, dass einem verziehen wird.

Bei der Scheidung geht es im Wesentlichen darum,
mit wem man einst im Grab liegt.

KLAUS HUBER

Der Umgang mit dem Frühstücksei entlarvt den Charakter.

Wer die Nase voll hat, dem fehlt der entsprechende Riecher.

Über den Lärm, den Fleißige verursachen,
regen sich zumeist die Faulen auf.

KARIN JANKE

Auf der Suche nach den Dornen findet man keine Blüte.

Gegensätze sind Harmonie auf Zeit.

Vorrat ist ungegessene Ernte.

Zygmunt Januszewski, Warschau

„Philosoph ist, wer wider besseres Wissen denkt."
Tobias Grüterich

MICHAEL MARIE JUNG

Erst am Ende der Erziehung stellt sich heraus, ob es ein Wunschkind war.

Auch in Wahlurnen kann die Demokratie beigesetzt werden.

Keine Lösung, wenn Betrunkene nüchtern Bilanz ziehen.

REINER KLÜTING

Er hatte Ideale, wenn auch wenig Ideen.

Pädagogisches Motto mancher Schulen: Objektschutz statt Subjekthilfe.

Früher war er Stein des Anstoßes; jetzt ist er Spielball des Anstößigen.

MARTIN LIECHTI

Die Wirklichkeit ist undicht, die Unwirklichkeit durchlöchert sie.

Für die paar wahren Momente wirklichen Lebens braucht es so viel Logistik!

Am heitersten ist man mit einem Wölklein Bosheit.

Gattung und Autor: Einsichten in ihr Zusammenspiel

oder

Dionysos und Apoll

in der Kleinform des Aphorismus

HANSPETER RINGS

Exemplarisch habe ich etwas für Sie mitgebracht: einen Bierdeckel, eine Teebeutelhülle, einen Kontoauszug und einen lapidaren Zettel, sämtlich bekritzelt mit Notizen, die mir ehemals in den Kopf kamen, und eine bessere Schreibunterlage war seinerzeit nicht zur Hand. So geschehen im Vorfeld meines ersten, 1997 herausgekommenen Aphorismenbands „Knapp über der Erde". Für den zweiten Band mit dem Titel „Einen Erdwurf weit" von 2001 schien mir dieses Verfahren, mit Legionen von Zetteln und Ähnlichem mehr zu hantieren, dann doch einigermaßen suboptimal, so dass ich mich fortan auf Notizhefte verlegte, auch hiervon habe ich Ihnen einige Beispiele mitgebracht. Stets trag ich nun ein solches Exemplar mit mir herum, um es eilig zücken zu können, sollte denn eine Idee anklopfen.

Im Folgenden stelle ich Ihnen einige meiner Aphorismen vor, natürlich nur für die, die meine Schriften noch nicht kennen, derer es erfah-

rungsgemäß kaum welche gibt …, zur Sicherheit aber trotzdem:

> „Das Nichts ist überhaupt nicht schlimm, im Gegenteil; aber das Nichts, das sich wichtig nimmt, fällt besonders auf."[1]

> „Der Fingerzeig beim Bedeuten reicht meist zu kurz."[2]

> „Virtuosen des Sachverhalts halten nicht."[3]

> „Das Wenn-es-sich-Ergibt eines der so erlesensten wie kostengünstigsten Güter ist."[4]

> „Der Tod raubt die Flügel, aber nur, wenn dort keine sind."[5]

> „Blätter, die sich ins Goldene wandeln – lösen sich."[6]

> „So gibt's eine Dauer, die sich im Moment nur fassen lässt; einen Moment, der sich auf Dauer nicht fassen lässt."[7]

Die folgenden Ausführungen möchte ich, wie es der Untertitel andeutet, unter das Motto stellen: „Dionysos und Apoll in der Kleinform des Aphorismus". Dabei beziehe ich mich auf Nietzsches Werk „Die Geburt der Tragödie", in welchem er das Spannungsfeld zwischen geistigem Urdrang und nüchterner geistiger Architektonik an den Göttergestalten bzw. geistigen Disposi tionen Dionysos und Apoll festmacht. Auch wenn dies vielleicht zunächst ein wenig nach dem großen Geschütz der Geistesgeschichte klingt, so erlauben Sie mir diesen Ansatz dennoch, da er sich, wie ich meine, bis zum heutigen Tag als durchaus fruchtbar erweist.

Dabei geht es mir nicht darum, Nietzsches Begriffspaar Dionysos-Apoll, das in den Fachprofessionen bis heute einige Geltung hat, philo-sophiegeschichtlich, gar philologisch zu würdigen. Vielmehr geht es mir um die ewigaktuelle innere Aussagekraft dieser Denkfigur, die – auch unabhängig von Nietzsche – bei verschiedenen Denkern und Autoren ähnlich zum Ausdruck kommt: sei's bei Blaise Pascal, der in seinen „Pensées" unterscheidet zwischen der Ordnung des Herzens und der des Verstands oder sei's bei Thomas Bernhard, der die ideale Magie dort sieht, wo Gedanken völlig frei zu Gefühlen werden und vice versa.[8] Vermutlich wird man auf diese Weise – hier nur angedeutet – zugleich der Sprachweisheit, die beim Aphorismus stets ein Wörtchen mitreden möchte, am ehesten gerecht. Ferner findet dieser Ansatz mittlerweile auch in der Naturwissenschaft einige Beachtung, aber dazu später. Ich selbst darf mir anmaßen, diesen Gedanken vom – etwas pathetisch gesprochen – dunkel-rauschhaften, inspirierten, eben dionysischen Wollen einerseits und einem klar-nüchternen, eben apollinischen Ordnen und Einordnen aus eigenem Erleben unterstützen zu können. Einen äußeren Hinweis auf das Dionysische habe ich Ihnen bereits in Form der aphoristisch besudelten Zettel und Notizhefte gegeben. Und das Ergebnis einer eher apollinisch-nüchternen Gesamtarchitektur der zunächst eilig hingeworfenen Aphorismen sehen Sie in den fertigen Bänden, genauer: in der dort niedergelegten Anordnung der Aphorismen. Dies alles schließt natürlich nicht aus, dass in jeder Aphorismensammlung auch Niveauunterschiede zu beobachten sind.

Es scheint mir, dass eine in sich geordnete Aphorismensammlung dieser von Nietzsche so eindringlich formulierten Einsicht des Zusammenwirkens von Dionysisch und Apollinisch besonders nahe kommt. Nicht umsonst war ja gerade dieser Denker ein Virtuose von Fragment und Aphorismus und deren nüchtern-gegliederter Anordnung. Es sind diese beiden Kräfte, die meines Erachtens mehr oder minder in jeder Gattung und in jedem Autor zusammenwirken und sich in seinem Werk spiegeln, dabei, wie ich meine, gleichsam idealtypisch in einer Aphorismensammlung. In diesem Aspekt besonders zeigt sich mir das Zusammenspiel von Gattung und Autor. Dass dies für Musik, Malerei, welche Kunst auch immer, ebenso gilt, ja selbst für den schöpferischen Aspekt von Wissenschaft, in gewisser Weise sogar für den gesamten Alltag als Übungsfeld aktiver Gelassenheit im Sinne der indischen Philosophie, das sei hier nur angedeutet.

Bevor ich auf die geistigen Dispositionen alias Dionysos und Apoll weiter eingehe, lassen sie mich kurz davon erzählen, wie ich zum Genre des Aphorismus kam: Man studiert, sozusagen nüchtern-apollinisch, was die Geistesgeschichte so bietet – freilich exemplarisch –, liest die heiligen Schriften, die Philosophen und, und, und … . Plötzlich schreibt man selbst, noch wie unwirklich, das eine oder andere Fragment auf, noch ohne zu ahnen, dass man sich im Vorfeld des Aphoristischen bewegt. Übrigens habe ich mich dabei mit dem aphoristischen Schaffen anderer Autoren tatsächlich nie beschäftigt, ebenso wenig mit den formalen Fragen des Aphorismus, die sich meines Erachtens am Zwanglosesten von selbst herauskristallisieren.

Dann, irgendwann, viel später, fängt man damit an, das Produzieren und Sammeln seiner Ideen zielgerichtet zu betreiben, vor allem darauf zu achten, dass einem keine seiner Ideen mehr durch die Lappen geht – und es entstehen in der Folge die voll gekritzelten Zettel und Notizhefte, aus denen es späterhin etwas zu machen gilt. Derart ergibt sich nicht nur der einzelne Aphorismus, sondern auch das Hingeführtwerden zum Aphorismus – in meinem Fall zumindest – einigermaßen unwillentlich. Daher bin ich auch vorsichtig mit dem Etikett Aphoristiker – denn sollte man sich dieses anheften, um sodann rein willentlich als solcher tätig zu werden, so hätte man gewiss mit Zitronen gehandelt, ist es doch bekanntlich der Wille, der behindert, so auch in diesem Fall. Ähnliches wollte uns Nietzsche vermutlich mit dem folgenden Aperçu vermitteln:

„Der beste Autor wird der sein, welcher sich schämt, Schriftsteller zu werden."[9]

Damit wären wir zurück beim Dionysischen, das sich vom Menschen zwar kanalisieren lässt, aber bitte nur ungewollt oder besser noch: ungewollt gewollt bzw. „nolens volens", wie es die alten Römer zu formulieren wussten.

Gehen wir noch einen Schritt weiter zurück, hin zur Quelle, quasi dorthin, wo sich das Dionysische oder lapidar gesagt: die Intuition, die Inspiration auftut, hin zu dem inneren Krater des Ideenflusses oder, in der Sprache Hegels, hin zum „Schreine des inneren göttlichen Anschauens"[10] oder mit Schillers Wallenstein gesprochen: hin zum tiefen Schacht, aus dem des Menschen Taten und Gedanken ewig quellen.[11] Kurz gesagt: hin zum Augenblick, dem angestammten Zeitmaß des Aphorismus! Gleich da und gleich wieder weg, das ist die Entstehungsgeschichte des besten Aphorismus – im Nu gesagt. Dazwischen befindet sich der Autor oder Mittler, der mit gezückter Feder den aufblitzenden Gedanken einfängt, oft so schnell, dass er späterhin seinen Aufschrieb kaum noch zu entziffern vermag. So erlebe ich es in meiner Arbeit, was mir aber vor allem dadurch interessant wird, dass dieses Phänomen viele Zeugen hat.

Hierzu eine kleine Blütenlese, die zum Nach- und Weiterlesen anregen könnte. Beginnen wir mit der Mystikerin Teresa von Avila, die im 16. Jahrhundert formuliert:

> *„Sie lassen sich so schwer ausdrücken ...,*
> *diese inneren Dinge des Geistes, umso mehr,*
> *da sie schnell vorbeigehen, dass es geradezu*
> *ein Glücksfall wäre, sie zutreffend auszudrü-*
> *cken."* [12]

Dieselbe:

> *„Ich weiß nicht mehr, was ich gerade gesagt habe,*
> *da mir, sobald ich an mich denke, die Flügel ab-*
> *brechen, um etwas Gutes zu sagen ... "* [13]

Und dass Goethe und Nietzsche sich zu diesem Phänomen äußern, versteht sich fast von selbst. Spricht jener in seinen Gesprächen mit Ecker- mann von *„Geschenken von oben"*, von *„rei- nen Kindern Gottes"* (11. März 1828), so die- ser u.a. von *„blitzenden Lichtscheine."* [14] Aber auch Walter Benjamin, Vertreter der neomarx- istischen Frankfurter Schule, führt für ihn un- gewöhnlich mystisch an:

> *„In den Gebieten, mit denen wir es zu tun*
> *haben, gibt es Erkenntnis nur blitzhaft. Der*
> *Text ist der langnachrollende Donner."* [15]

Ja, selbst der streng empirisch ausgerichtete Wissenschaftsphilosoph Karl Popper vermutet unter Berufung auf Albert Einstein hinter jeder wissenschaftlichen und mathematischen Entde- ckung ein irrationales Element. Und zum Schluss dieser kleinen Aufzählung sei noch darauf ver- wiesen, wie das indische Wort „Brahma", für den absoluten Geist stehend, auf die Sanskrit-

wurzel „brih" gleich „sich ausdehnen" zurück- geht, was der Auffassung von der göttlichen Kraft als spontanem Wachstum und dem Her- vorbringen schöpferischer Taten entspricht.

Es spielen sich also Irrationalität und Rationalität gegenseitig in die Hände: Es wird der dionysische Quell durch nüchtern-apollinisches Wissen ge- speist und spuckt dafür wieder Erkenntnis aus, die es aufzufangen gilt, in unserem Fall als Apho- rismen, die in einem nächsten Schritt apollinisch durchzuordnen, gleichsam mit der *„kältesten abstrakten Reflexion zu übergießen"* sind, so ein Wort Schopenhauers. Zunächst bedarf es des Stu- diums von Welt, Mensch und Schriften, denn ein- zig per tabula rasa wird sich – trotz Platons Vor- stellung der Wiedererinnerung – wohl nicht viel erreichen lassen. Und dann kommt die Inspirati- on ins Spiel, etwa in Form aufsteigender Apho- rismen, die sodann wieder, soweit möglich, ge- prüft, ausgesiebt und angeordnet werden wol-

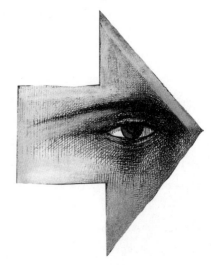

len. Es sei denn, man möchte die Sätze unkritisch, in der Abfolge wie entstanden anordnen. Warum nicht? Einen gewissen voyeuristischen Charme hat dies; in meinem Fall jedoch käme wohl zu viel Spreu und zu wenig Weizen dabei heraus. Ist es doch schätzungsweise nur ein Viertel des Produzierten, das ich letztlich in den Veröffentlichungen verwende, dieses allerdings im Einzelsatz nur unwesentlich umgearbeitet, ja meist erweist sich die ursprüngliche Form sogar als die beste.

Nun habe ich Sie ein wenig mitgenommen, wie ich zumindest hoffe, hin zum dionysischen Kanal des Schöpferischen, aus dem unter anderem der Aphorismus auftaucht, habe Ihnen aber auch den „Ingenieurmeister Apoll" vorgestellt, der aus dem Wust dessen, was da aufgestiegen, das Brauchbare herausdestilliert und seine kunstvollen unsichtbaren Brückenwerke zwischen den einzelnen Sätzen einer Aphorimensammlung schmiedet.

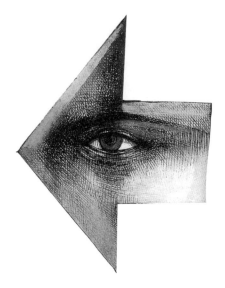

Freilich, ein solcher geistesgeschichtlicher Ansatz dürfte für sich allein genommen im 21. Jahrhundert zu wenig sein. Daher lassen Sie mich noch knapp etwas aus den naturwissenschaftlichen Forschungslabors berichten, indes eingedenk des Umstands, dass ich – wie auch bei dem zuvor Gesagten – kein Spezialist bin, eher einer, der so etwas wie sich anbietende Evidenzzusammenhänge aufzuzeigen sucht. Zu den Ergebnissen der Gehirnforschung überleitend erlauben Sie mir noch ein lohnendes Zitat von Hermann Hesse:

„ Gern vergleicht der Bürger den Phantasten mit dem Verrückten. Der Bürger ahnt richtig, daß er selbst sofort wahnsinnig werden müßte, wenn er sich so wie der Künstler, der Religiöse, der Philosoph auf den Abgrund in seinem eigenen Inneren einließe. Wir mögen den Abgrund Seele nennen oder das Unbewußte oder wie immer, aus ihm kommt jede Regung unseres Lebens. Der Bürger hat zwischen sich und seiner Seele einen Wächter, ein Bewußtsein, eine Moral, eine Sicherheitsbehörde gesetzt, und er anerkennt nichts, was direkt aus jenem Seelenabgrund kommt, ohne erst von jener Behörde abgestempelt zu sein. Der Künstler aber richtet sein ständiges Mißtrauen nicht gegen das Land der Seele, sondern gegen jede Grenzbehörde, und geht heimlich aus und ein zwischen Hier und Dort, zwischen Bewußt und Unbewußt, als wäre er in beiden zu Hause."[16]

In der Wissenschaft spricht man in diesem Zusammenhang von einem Assoziations- und Intuitionspotenzial, das durch chemische Filterprogramme im Gehirn geregelt wird, wobei die Nervenüberträgerstoffe Dopamin und Serotonin eine zentrale Rolle spielen. Die große Frage, ob es Gehirn-, Nervensubstanz und Chemie sind, die schaffen, oder ob es hinter all diesem in gewisser Weise etwas Feinstoffliches, Geistiges gibt, eine Annahme, zu der ich eigentlich neige, diese Frage würde den Rahmen hier allerdings sprengen. Sind die chemischen Filter nun scharf eingestellt, so wird es zunehmend rational, apollinisch in unserem Kopf, und wenn unscharf, d.h. wenn die genannten Stoffe vermehrt produziert werden, so wird's intuitiv bzw. dionysisch im Sinne Nietzsches – ja bis hin zum Wortsalat des chronisch Schizophrenen. Und irgendwo dazwischen liegt das Optimum für kreative Leistungen, der Grat indes ist schmal – Stichwort „Wahnsinn und Genie" –, und Genaues weiß man noch längst nicht. Auch wenn bereits Hans Sachs im Wahnmonolog der „Meistersinger" davon spricht:

„So ist es nun mal bei allen großen Dingen,
die nie ohn einigen Wahn gelingen."

Oder wenn in der indischen Hemisphäre der Philosoph und Guru Sri Aurobindo mahnt, über dem Göttlichen nicht den klaren disziplinierten Intellekt zu vergessen.

Inwieweit sich nun Inspiration bewusst an- und abschalten lässt, sozusagen hin- und hergewechselt werden kann zwischen Dionysos und Apoll bzw. Hier und Dort im Sinne Hesses, wird derzeit von der Wissenschaft untersucht, wobei auch die Rolle von Drogen Forschungsthema ist. Und bedenkt man, dass etwa Alkohol zur Do-pamin- und Serotonin-Ausschüttung führt, damit zur Filterreduktion und Intuitionsverstärkung, so drängt sich das folgende Wort Lichtenbergs geradezu auf:

„ Wenn man manchen großen Taten und Gedanken bis zu ihrer Quelle nachspüren könnte, so würde man finden, dass sie öfters gar nicht in der Welt sein würden, wenn die Bouteille verkorkt geblieben wäre, aus der sie geholt wurden. Man glaubt nicht, wie viel aus jener Öffnung hervorkommt." [17]

Wohl wäre dies ein hübscher Abschluss, zumal das äußerliche Gottesattribut des Dionysos ja auch die Weinrebe ist. Doch sollte ich zwingend noch hinzufügen: Ohne die *„heilignüchternen Wasser"*, ein Wort Hölderlins („Hälfte des Lebens"), bzw. eine meditative und zugleich intellektuell-wachsame Einstellung auf dem Boden der Flasche oder der Opiumpfeife, auf dem Boden welchen Rausches auch immer, ohne diese heilige Nüchternheit dürfte das schönste Dopamin und Serotonin wohl eher zu Unsinn denn Sinn führen. [18]

Anmerkungen

[1] Hanspeter Rings, Knapp über der Erde
– Aphorismen, Mannheim 1997, S. 34.

[2] ebd., S. 45.

[3] Hanspeter Rings, Einen Erdwurf weit
– Aphorismen, Mannheim 2001, S.56.

[4] ebd., S. 55.

[5] ebd., S. 12.

[6] ebd., S. 53.

[7] ebd., S. 38.

[8] Thomas Bernhard, Verstörung, 1996, S. 113.

[9] Menschliches, Allzumenschliches, 1. Bd., Nr. 192.

[10] Phänomenologie des Geistes, 1973, S. 55.

[11] Wallensteins Tod, 2. Aufzug, 3. Auftritt.

[12] Gesammelte Werke, Bd. 4, S. 138.

[13] ebd., S. 122.

[14] Unzeitgemäße Betrachtungen, Zweites Stück:
Vom Nutzen und Nachteil der Historie.

[15] Gesammelte Schriften. Bd. V/1, S. 570.

[16] „Sprache", 1918. In: Die Welt der Bücher. 1977, S. 150.

[17] Sudelbücher, K 127.

[18] Die äußerliche Droge kann dabei, wie ich meine, nur akzidentiell, nicht aber substantiell wirken. In meinem Fall war es, wie es der sog. Zufall wollte, ein Gesangsstudium, das mich mit seinen unaufhörlichen Vokalisen, trotz stimmlich schöner Erfolge, eher an den Rand der Verzweiflung als den der Bühne brachte. Dafür hatte es den ungewollten, aber günstigen Effekt, dass es mir analog zum Klangweg des Yoga und dessen Mantras – das wurde mir erst im Nachhinein klar – so etwas wie die innere Welt, besser gesagt, eine innerlich-äußerlich integrierte Welt aufschloss als Voraussetzung unter anderem für den Aphorismus.

Der Autor stellt dem Interessierten gerne eine erweiterte Fassung mit mehr Anmerkungen zur Verfügung.

Hans-Joachim Uthke, Haan

„Um an die Quelle zu kommen, muss man gegen den Strom schwimmen."
Stanislaw Jerzy Lec

Gattung und Autor:
Einsichten in ihr Zusammenspiel

ANSELM VOGT

Schon die Tatsache, dass jemand die Einsamkeit des Schreibens auf sich nimmt, ist in unserer ansonsten dem Team oder – altmodisch gesprochen – der Gruppe huldigenden Zeit erklärungsbedürftig. Warum aber entscheidet sich jemand für eine bestimmte Gattung? Es ist anzunehmen, dass bei einer solchen Entscheidung Begabungen, Neigungen oder Charaktereigenschaften eine wesentliche Rolle spielen, ohne jedoch eine solche Entscheidung vollständig zu determinieren. Wie der ungarische Literaturnobelpreisträger Imre Kertesz kürzlich in einem Interview meinte, ist dabei auch ein gewisser Voluntarismus in dem Sinne im Spiel, dass man sich als Autor erfindet.

Warum kommt nun jemand auf die Idee, ausgerechnet Aphorismen zu verfassen? Gibt es typische, bei allen oder wenigstens vielen Aphoristikern wiederkehrende Motive oder sind die Gründe völlig individuell? Dies lässt sich natürlich empirisch schwer entscheiden und so wage ich eine idealtypische Konstruktion des Aphoristikers, die natürlich ohne Willkür nicht auskommt. Außerdem laufe ich dabei sicher Gefahr, aus der Selbstbeobachtung gewonnene Einsichten unzulässig zu verallgemeinern. Im Bewusstsein dieser Risiken habe ich versucht, bestimmte Determinanten des Aphorismus mit bestimmten Persönlichkeitsmerkmalen zu parallelisieren. Ausgehend von bestimmten Gattungsmerkmalen habe ich gewissermaßen analog zur transzendentalphilosophischen Vorgehensweise nach den in der Person des Autors liegenden Möglichkeitsbedingungen gefragt.

Dabei zeigte sich, dass alle diese Persönlichkeitsattribute eine Ambivalenz aufweisen, der ich dadurch gerecht zu werden versuche, dass ich jeder positiv bewerteten Eigenschaft (These) eine mögliche negative Sicht als *Antithese* gegenüberstelle.

I.

Es sind gewisse allgemeingültige existenzielle Erfahrungen, die zur Gattung des Aphorismus disponieren.

Aus der Not gewisser Laster und intellektueller Mängel macht der Aphoristiker die Tugend sich vermeintlich im Medium pointierter Zuspitzung entladender Geistesblitze.

II.

Der Aphoristiker hat eine besondere Sensibilität für das Fragmentarische, Unabgeschlossene unseres Daseins, welches durch das gerade in Deutschland beliebte Streben nach der Geschlossenheit des Systems bloß kompensiert wird. Dieses äußert sich im Fragmentarischen des Aphorismus selbst gemäß Adornos gegen Hegel gerichtetem Diktum: „Das Ganze ist das Unwahre."

Die Ablehnung des auf Vollständigkeit und Ausführlichkeit zielenden Systemdenkens ist Ausdruck einer gewissen Faulheit und Kurzatmigkeit des Aphoristikers, der aufgrund seines Strebens nach Sofortbefriedigung die Mühe der Entwicklung des Systems scheut.

III.

Freie Geister schätzen den Aphorismus als Ausdruck eines Denkens, welches die Offenheit des Vorläufigen gegen seine Arretierung im geschlossenen System setzt, in dem der kritische Gedanke in eine Art Sicherungsverwahrung genommen wird.

Die vermeintliche Freiheit ist nichts anderes als Disziplinlosigkeit des Denkens. Dem Aphoristiker mangelt es am Durchhaltevermögen, das die Voraussetzung für die Ausführung einer Idee ist.

IV.

Der Aphoristiker ist eine sowohl durch ausgeprägte Sinnlichkeit als auch durch Intellektualität bestimmte Persönlichkeit und daher ein Grenzreiter zwischen Dichtung und Philosophie, der die Alternative Künstler oder Denker als Einengung begreift.

Der Aphoristiker ist weder Denker noch Dichter und macht aus dieser Not eine Tugend. An die Stelle denkerischer Konsequenz und poetischer Phantasie tritt das Wortspiel.

V.

Die Freude des Aphoristikers am Doppelbödigen, an der überraschenden Pointe ist Ausdruck seiner existenziellen Ambivalenzerfahrung, seiner Sensibilität für das Unwahre aller eindeutigen und glatten Lösungen, die er durch subversives Gespür für den konterkarierenden Hintersinn mancher Worte der Lüge überführt.

Der manische Zwang zur Pointe und die Ausnutzung zufällig entstandener Äquivokationen ist meist billige Effekthascherei, die den gedanklichen Mangel kaum verbergen kann.

VI.

Der Aphoristiker ist eine Art lebensphilosophischer Impressionist, der die Fülle seiner Eindrücke und denkerischer Erfahrungen auf kurze pointierte Formeln bringt und so die monothematische Enge des Systems meidet.

Die in Aphorismusbändchen versammelten Sprüche entbehren des roten Fadens und sind eine Aneinanderreihung unzusammenhängender Sätze. Das lässt auf eine Persönlichkeit ohne Kohärenz schließen, die sich letztlich als Spielball der heterogensten Reize erweist.

Der Aphoristiker ist – so scheint mir – häufig eine Persönlichkeit, die die Lust am Sprachwitz mit einem gewissen Nonkonformismus verbindet. Er ist selten staatstragend und meist antiautoritär und genießt die Außenseiterrolle, indem er der Ohnmacht des Einzelgängers die Macht der entlarvenden Pointe abgewinnt. Ihm ist alles Hohle und Phraseologische, das Feierliche und Aufgeblasene fremd, existenziell entspricht ihm die Erfahrung des Vorläufigen und Fragmentarischen des Daseins. Die negative Sicht, die die mangelnde Disziplin und den Mangel an Durchhaltevermögen, die Lustorientierung und das auf völlig Disparates zerstreute Interesse betont, zeigt eine Kehrseite, die sicher die Wahl des Aphorismus als literarischer Form begünstigt. Somit schließen sich beide Sichtweisen keineswegs aus, sondern ergänzen einander.

Ich bin mir der Fragwürdigkeit des durch das Thema angeregten Versuchs bewusst, scheinbar Allgemeingültiges über die Schöpfer einer literarischen Gattung auszusagen, die als Individualisten gelten. Vielleicht ist es auch nur zu verantworten, den Aphoristiker ex negativo zu charakterisieren, wie es Hans Kudszus in der folgenden Formulierung versuchte:

„Aphorismen sind Spiele des Denkens mit sich selbst. Deshalb bedienen sich ihrer niemals Propheten oder Heilige."

Michael Görler, Hattingen

„Ein König kann niemals Bauernopfer werden."
Holger Uwe Seitz

„Was gültig ist, muß nicht endgültig sein."

Die Lyrikerin und Aphoristikerin

Liselotte Rauner (21.2.1920-2.7.2005)

FRIEDEMANN SPICKER

Es ist lange her, dass man solche Gedichte schreiben konnte:

Ich bin entlassen

Ich bin entlassen das heißt freigestellt

So wissen wir doch was sie Freiheit nennen

An ihrer Sprache sind sie zu erkennen:

Soziale Sicherheit heißt Stempelgeld.

So beginnt ein Sonett von Liselotte Rauner von 1977; die letzte Strophe lautet:

an welcher Hoffnung hielten wir uns fest

wenn wir nicht von gerechteren Entwürfen

des Daseins wüssten und von Übergängen.[1]

Heute, sagen die Literarhistoriker, die der Lyrik den Puls fühlen, schreibe man etwa so: *Moderne Zeiten: / Es ist gut es ist vorbei / es ist gut dass es vorbei ist / der Sozialismus die Raupenplage / die Wanzen der Urknall was vorbei ist / ist vorbei die Chaostheorie / das Nord-Süd-Gefälle der Wärmetod / alles gut alles vorbei auch das Gute / auch das Vorbeisein auch die Dialektik / sowieso die Sinnfrage der Regen / alles schon wieder vorbei.*[2]

Vorbei ist auch einiges, was uns im ersten Gedicht begegnet. Das Thema ist es nicht – leider ganz im Gegenteil –, auch nicht unbedingt die Sonettform oder der Reim, aber gewiss die direkte Sprache, die Eindeutigkeit der Konfrontation, „wir" und unsere Sprache (*„entlassen"*) – „ihre Sprache" (*„freigestellt"*), auch das Pathos, die utopische Hoffnung. Wer war die Frau, die so schrieb? Und wie kam sie dazu, so zu schreiben? Da kommen eine Biographie und eine bestimmte Zeitspanne zusammen.

An die Zeit erinnern sich die Älteren unter uns gut. Für die Jüngeren und gegen das Klischee von der guten, alten Zeit ein paar Notizen: nach der ersten großen Koalition Kiesinger–Brandt 1966-69 der politische Einschnitt, die sozialliberale Koalition Brandt–Genscher 1969-74 und nach außen die Ostverträge der Jahre 1970-73, im Innern Studentenbewegung und Außerparlamentarische Opposition (APO), energische Aufarbeitung der nationalsozialistischen Vergangenheit im Kampf gegen die Väter, Proteste gegen den Vietnam-Krieg, Kaufhausbrände, der Radikalenerlass 1972 und die Fahndungsatmosphäre in der Bundesrepublik, die ihren literarischen Niederschlag etwa in Bölls „Katharina Blum" (1974) findet. Terroristische Aktionen der RAF (Rote-Armee-Fraktion), die im deutschen Herbst 1977 gipfeln (Schleyer-Entführung, Entführung der „Landshut", Selbstmord der Häftlinge in Stuttgart-Stammheim). Politisch umkämpfte Themen, auch in der Ära Schmidt 1974-82, sind der Überwachungsstaat und die Nachrüstung. Symbolische Stationen der Friedensbewegung bis heute sind die Demonstration von 1981 im Bonner Hofgarten und die Sitzblockaden gegen die Stationierung von Mittelstreckenraketen (Mutlangen). 1982 dann das, was Helmut Kohl als „geistig-moralische Wende" für sich und seine Partei reklamiert. Das allgemeine politische Interesse richtet sich jetzt auf Ökologie und Kernenergie, der politische Hitzegrad der 1970er Jahre wird aber bei weitem nicht mehr erreicht.

Als klassische 68erin kann Liselotte Rauner schon von ihrem Jahrgang her nicht gelten: Sie ist am 21. Februar 1920 in Bernburg an der Saale geboren und damit eine Generation älter als diejenigen, die die Außerparlamentarische Opposition in diesem Jahrzehnt im Wesentlichen tragen. Sie hat auch keinen akademischen Hintergrund, keine 16 Semester Soziologie in Berlin, sondern eine dreijährige kaufmännische Lehre, auf die eine Gesangs- und Schauspielausbildung folgen. Die autobiographischen Mitteilungen sind dürftig, aber aussagekräftig. Sie wächst in armen Verhältnissen auf: *„Meine Geburt war für* *meine Mutter kein freudiges Ereignis. Die Verhältnisse waren nicht so. Drei Jahre später war mein Vater mehrfacher Millionär und das tägliche Brot war nur noch scheibchenweise vorhanden."* Die Nazizeit schärft das politische Bewusstsein der Heranwachsenden. Aus einem antifaschistischen Elternhaus stammend, erlebt sie Verhaftungen im Freundeskreis, willkürliche Hausdurchsuchungen und Gewalt auf offener Straße; sie schreibt erste politische Gedichte in ihr Tagebuch. Nach dem Krieg lässt sie sich dann in Bochum-Wattenscheid nieder. Über die Zeit bis Ende der 60er lässt sie auch in den eigenen bio-bibliographischen Angaben, die sich in ihrem Nachlass im Stadtarchiv Bochum befinden, nur verlauten: verschiedene Berufe. Aus wenigen Briefen, die sich dort gleichfalls finden, geht aber hervor, dass sie schon seit Ende der 1940er Jahre nicht nur Lyrik verfasst, sondern sich auch um ihre Publikation bemüht. So schreibt ihr Heinrich Böll freundlich, dass er sich bei seinem Verlag Kiepenheuer und Witsch nicht für sie verwenden könne. Dem vielseitigen Wattenscheider Autor Walther Gottfried Klucke legt sie 1949 zwanzig Gedichte zur Begutachtung vor.

Die Autorin Liselotte Rauner entsteht erst am Schnittpunkt von Zeitgeist und individueller Biographie. Ein Ergebnis des von linken Strömungen geprägten Zeitgeistes ist der Werkkreis Literatur der Arbeitswelt. Sein Ausgangspunkt ist die Gruppe 61, die sich in bewusstem Gegensatz gegen die Gruppe 47 der Arbeiterliteratur

verschreibt; Namen wie Fritz Hüser, Max von der Grün, Hans Günter Wallraff sind für die literarisch interessierten Älteren noch gut im Gedächtnis, auch Texte wie Erika Runges „Bottroper Protokolle" von 1968 oder besonders Wallraffs „13 Unerwünschte Reportagen" von 1969. Als sich schreibende Arbeiter hier fortlaufend mehr in einer Randposition wiederfinden, trennt sich der Werkkreis 1970 auch organisatorisch von der Gruppe 61. Parteilichkeit im Sinne der abhängig Beschäftigten: das ist sein Programm; in Büchern wie „Liebe Kollegin. Texte zur Emanzipation der Frau" (1973) verwirklicht es sich. Mitbegründer ist Hugo Ernst Käufer, Direktor der Stadtbücherei Gelsenkirchen. Er ist in diesem Zusammenhang auch unter aphoristischen Aspekten allemal einen Exkurs wert. Denn er spielt nicht nur eine herausragende Rolle in diesem Sektor des Literaturbetriebes, gibt zahlreiche Anthologien heraus und verfasst viele Beiträge zur Arbeiterliteratur, unter seiner meist

kurzen Prosa finden sich auch nicht selten Aphorismen, vor allem in *Standortbestimmungen* (1975), *Über das gesunde Volksempfinden und andere Anschläge* (1983) und *Kehrseiten* (1984); sie sind insgesamt als „Gesinnungsaphoristik" zu verstehen. So hat er sehr häufig in der Gattung über die Gattung, den „Aphorismus – als Kürzel eines langen Gedankens" nachgedacht, meist in den bekannten Bahnen: Es fehlt die Entlarvung nicht (*„Den Widerspruch im Aforismus bloßstellen"*), nicht der Anstoß und der Aufschluss, nicht das Wortspiel (*„Aforismen: Wider-Sprüche"*) und auch nicht der Verweis auf das nur scheinbar kleine Große: *„Aphorismen spiegeln die kleinen Schritte der großen Zusammenhänge"*. Lichtenberg ist auch hier das unerreichte Vorbild: *„Morgengruß eines Aforistikers. – Grüß Gott, lieber Kollege Lichtenberg, was werden wir heute denken?"*

Wenn er sein Aphorismusverständnis erläutert, dann finden wir darin genau die Konzeption, die auch Rauner vorschwebt und die sie ausarbeitet, ohne sie in derselben Weise explizit zu machen. *„Gebrauchsstücke Fundsachen Informationsträger Meßinstrumente Wortbazillen [...]"* nennt er seine Texte. Informieren, finden, gebrauchen, messen: Da ist Aktion vonnöten. Und in der Tat bekennt er sich, auch für seine Aphoristik, explizit zu dieser Gleichung: *„Schreiben = Aktion"*. Nicht nur an seinen „Wandsprüchen" kann man erkennen, dass es ihm um politischen Protest zu tun ist, um Gebrauchstexte, die sich idealerweise der Nähe des Graffito versichern, das vom Nonsense-Spruch *„Ein Mann ohne Frau ist wie ein Vogel ohne Brille"* bis zur agitatorischen Parodie auf das Kennedy-Zitat reicht: *„Frage nicht, was der Staat gegen dich tut, sondern frage, was du gegen den Staat tun kannst"*. Die Themen und Positionen sind die in der Zeit bezeichnenden: Basisdemokratie und Antiparlamentarismus, Naturschutz, Antijustiz und Antimilitarismus: *„Dein Vaterland will immer nur dein Bestes – dein Blut"*. Veränderung ist die oberste Losung: *„Solange wir fragen ist Veränderung möglich"*. In jedem Fall ist die Botschaft entscheidend, darüber scheut man auch vor literarischer Plattheit nicht zurück: *„Wenn du zur Arbeit gehst / vergiß die Losung nicht: Solidarität"*. Käufer laviert ständig auf der Grenze von Lyrik und Aphorismus. Die Texte sind mitunter in so unregelmäßig langen Zeilen gesetzt, dass man gar nicht mehr entscheiden kann, ob Verse gewollt waren. Aber das ist auch gegenüber der Intention, die allein im Vordergrund steht, ganz ohne Belang. Todernster Klassenkampf lässt das Wortspiel nur zu, so lange es ihm dient: *„Vorgesetzter. / Was vorgesetzt wird, / ist nicht immer genießbar."* Das Plakative ist gewünscht, der eigenen Denkarbeit bleibt nur wenig überlassen: *„Zur Not, sagte er, muß die Freiwilligkeit erzwungen werden."*

Unter Käufers vielen gattungsreflexiven Aphorismen findet sich ein Beitrag, der die Differenz von Lyriker und Aphoristiker beschreibt: *„Unterschied. – Ein Lyriker dichtet für die Ewigkeit, ein Aphoristiker schreibt für den Tag"*. Aphoristik als Gebrauchslyrik also.

Käufer erinnert sich an Liselotte Rauner: *„Ich kann mich noch gut erinnern, dass sie mir Ende 1967 in der Stadtbücherei Gelsenkirchen etwas verlegen ein Gedichtmanuskript überreichte mit der Bitte zu prüfen, ob es sich für eine Lesung in der Literarischen Werkstatt eignen würde."* Die Lesung am 12. Januar 1968 hat positive Reaktionen auch in der Presse zur Folge; zwei Jahre später – da ist sie schon fünfzig – veröffentlicht sie ihren ersten Gedichtband „Der Wechsel ist fällig". Das Nachwort stammt von Josef Reding, einem damals schon arrivierten Autor von Kurzgeschichten und Kinderbüchern aus diesem Umkreis. Wenn es von ihm in einem größeren Literaturlexikon heißt: *„Die Erfahrung des Nationalsozialismus bestimmte sein Bewusstsein von der politischen Verantwortlichkeit des Schriftstellers"*, so dürfen wir auch das exakt auf Liselotte Rauner übertragen. Das Nachwort gibt uns mehr Einblicke in das literatursoziologische und politische Umfeld der Gruppe, zu der sie sich jetzt zählt: *„Die Gelsenkirchener haben es geschafft, jenseits aller isolierenden Festsaal-Atmosphäre, jenseits der steifleinenen Feierlichkeit traditioneller ‚Dichterlesungen' literarische Versuche ‚unters Volk' zu bringen. [...] Sie mieden alle Orte, die schon durch ihre Einschüchterungsarchitektur das potentielle Publikum verprellen, und stellten sich mit den Arbeiten der Werkstatt in Großkaufhäusern, Kneipen und Bahnhöfen vor. Die Diskussionen, die sich dabei mit den bis dahin unbekannten Autoren und den Bergleuten, den Hausfrauen und Verkäufern, den Monteuren und Schaffnern entwickelten, waren handfest und dienlich. Hier gab es kein Schummeln mit esoterischen Gesten. Hier hieß es: Farbe bekennen."* Und so hat sie hier lyrisch Farbe bekannt, angelehnt an die Autobiographie des großen russischen Arbeiterschriftstellers Maxim Gorkij („Meine Universitäten"):

Meine Universitäten

Meine Universitäten

Unterricht an Löschgeräten

Judenstern in Christenstädten

Priester die für Teufel beten

Hände an den Hosennähten

Menschen hinter Stacheldrähten

Stiefel die auf Stirnen treten

Meine Universitäten[3]

Das Prinzip dieser Texte ist eine Art radikaloppositioneller Litanei. Auf diese Weise bringt sie zum Ausdruck, „Was mir gehört" (Von diesem Land ..., Von dieser Fabrik ..., Von diesen Wäldern ..., und – letzte Strophe: *„ Von dieser Stadt / die auch ich aufgebaut habe / gehört mir soviel Lebensraum / wie ich brauche / für meinen Sarg "*[4]). Auf diese Weise stellt sie unter dem Titel „Ich kann es nicht ändern" Phraseologismen zusammen (*„muß die Hände frei haben, ..., muß den Kopf oben behalten, ..., den richtigen Riecher haben, ..., den Buckel hinhalten, ..., das Maul halten / und mich durchbeißen / da kann man nichts ändern "*[5]. Nicht nur hier ist die Nähe zu aphoristischen Verfahren sichtbar; in einen lyrisch-aphoristischen Zwischenraum, der an Erich Fried erinnert, drängt sie auch, wo sie mit wenigen Worten ihre Intention der Vertauschung und Gegenüberstellung abgewinnt, wie in den

Garantien der Obrigkeit

Ihr dürft alles tun / was wir euch sagen

doch ihr sollt nicht sagen / was wir euch tun

Ihr dürft alles ändern / was wir wünschen

doch ihr dürft nicht wünschen / daß wir uns ändern

Ihr dürft überall gehen / wohin wir wollen

doch ihr dürft nicht wollen / daß wir gehen.[6]

Strikt parteilich nimmt sie zu den sozialpolitischen Fragen der Zeit Stellung, zu empörenden Milchseen, zu schließenden Bergwerken, zu den Notstandsgesetzen. Auch wo sie in besonderem

Maße auf die Aktivierung des Lesers setzt, der weiterführen, komplettieren soll, indem sie etwa nur ein Fragezeichen in die letzte Zeile stellt,[7] da ist sie dem aphoristischen Genre nahe. Das, was der Rezeption der Texte zur Zeit ihrer Lesung nützt, ihre einfache Direktheit, ihre schnell zu erschließende Eindeutigkeit, das schadet ihrer Langzeitwirkung. Im guten Falle findet aber der Leser auch im Abstand von über drei Jahrzehnten durch ein Mehr an Geheimnis, wie es an Enzensberger'sche Texte erinnert, noch durchaus Reizvolles, so in dem Titelgedicht:

> *Der Wechsel ist fällig*
> *Die Einsicht ist gestundet*
> *der Frieden vertagt*
> *die Mitschuld verjährt*
> *die Karenzzeit verewigt*
> *das Unvermögen hat sich verzinst*
> *der Wechsel ist fällig*[8]

In den folgenden Bänden, dem von 1973 mit dem schönen Titel „Wenn der Volksmund mündig wird", den „Schleifspuren" und den „Zeitgedichten" von 1980 und in dem Sammelband zum 65. Geburtstag „Kein Grund zur Sorge" findet sie ihre Form entschiedener in der lyrisch-aphoristischen Mitte; die Untertitel, einerseits Slogans und Epigramme, andererseits Songs und Sonette, sprechen eine deutliche Sprache. Über den Slogan, den modernen, zweckgebundenen Halbbruder, muss man in dem Zusammenhang weniger Worte verlieren als über das Epigramm.

Das Epigramm wurde ursprünglich für einen Grabstein oder ein Gastgeschenk, als Aufschrift, Inschrift oder Beigabe gebraucht und ist einer Person gewidmet, einem Objekt zugeordnet oder stellt einen Einfall dar, jeweils in kurzer und pointierter Versform. Es hat seine Blüte im 18. Jahrhundert gehabt, findet sich aber auch noch bis ins 20. Jahrhundert. Erich Kästner beispielsweise hat noch genau zwischen dem Vers-Epigramm und dem Prosa-Aphorismus unterschieden. *„ Von Mord und Totschlag. Denkt ans fünfte Gebot: / Schlagt Eure Zeit nicht tot!"* einerseits; andererseits: *„ Je nichtssagender die Zeit, um so ,vielsagender' die Zeitgenossen."*

Genau diese Differenz aber wird mit dem freien Vers in der Lyrik nach 1945 eingeebnet. Bertolt Brecht hat für den deutschen Sprachraum da als Vorbild zu gelten; bei ihm finden sich beide Formen. Die Epigramme zu Fotos in der

„Kriegsfibel" von 1955, die Brecht „Fotoepi-
gramme" nennt, sind herkömmlich gereimte
Vierzeiler:

Wie einer, der ihn schon im Schlafe ritt

Weiß ich den Weg, vom Schicksal auserkürt

Den schmalen Weg, der in den Abgrund führt:

Ich finde ihn im Schlafe. Kommt ihr mit?

In der „Deutschen Kriegsfibel der Svendborger
Gedichte" (1936-37) findet sich die modernere
freie Abwandlung:

Die Oberen sagen: / Es geht in den Ruhm.

Die Unteren sagen: / Es geht ins Grab

In der Nachfolge dieses epigrammatisch-aphoristischen Kurzgedichts Brechts ragen außer den
beiden (ursprünglich) in der DDR schreibenden
Lyrikern Reiner Kunze und Günter Kunert und
dem Emigranten Fried Erich zwei Vertreter der
bundesrepublikanischen Literatur nach 68 heraus: Arnfrid Astel und eben Hugo Ernst Käufer.
1978 sammelt Arnfrid Astel in einem Band von
fast 1000 Seiten „Alle Epigramme". Sie sind von
Aphorismen nicht mehr oder kaum noch zu un-
terscheiden: *„Leihgabe: / Die Kunst ist eine
Leihgabe / der Deutschen Bank"*. Seine „Lektion" ist zu Recht berühmt geworden: *„Lektion:
/ Ich hatte schlechte Lehrer. / Das war eine gute
Schule"*.

Die Epigramme in Rauners Band „Wenn der
Volksmund mündig wird" sind ganz ähnlich wie
bei ihrem Mentor Käufer zum Teil versifizierte
Aphorismen. Das entgeht Reding, der wiederum
das Nachwort verfasst, nicht: Man könne feststellen, schreibt er, *„dass sie zum mindesten ein
literarisches Instrument hinzugewonnen hat und
es souverän handhabt: den Aphorismus."*

Und er lässt es sich nicht entgehen, ein Muster-
beispiel zu zitieren: *„Wenn Vaterlandsliebe
blind macht / braucht man einen Führer."*[9]

Das ist so direkt, wie man das linke Lebensgefühl der 68er Generation aus ihnen ablesen
kann: *„Was Kapitalisten zu Vorbildern macht /
ist ihr Klassenbewußtsein."*[10] Aber es hat doch
auch in den sprachspielerischen Anteilen einen
ästhetischen Mehrwert, der im guten Fall über
den politischen Aktionswert hinaus auf Beifall
stoßen kann: *„Der Wähler / muß das Kreuz das
er macht / auf sich nehmen."*[11] Immer aber ist
der Sprachwitz zwei Dingen untergeordnet: der
politischen Intention generell und im besonderen ihrem spontanen Nachvollzug. Artistische
Raffinesse liegt so wenig in ihrem Horizont wie
kompliziertere gedankliche Operationen oder
eine Hintergründigkeit, die sich erst mehrfachem
Durchdenken erschließt. Sie denkt bei der Rezeption ihrer Texte konsequent an die Straße.
Einen Großteil – das darf man nicht verschwei

gen – nicken wir darum heute mit einem eher müden Na ja! ab. Ich gebe zwei Beispiele:

1. *Wenn etwas nicht gerecht ist*
    wird es mundgerecht gemacht[12]

2. *Der Unternehmer trägt das Risiko*
    meistens zur Bank[13]

Aber auf der anderen Seite helfen die Gesetze des Genres mehr als bei den Songs und Sonetten, die ich hier vernachlässige, dass sich eine Nachhaltigkeit einstellt, die uns heute noch anspricht. Das erste dieser Gesetze, die Kürze, ist ein inneres Strukturmerkmal, das auf stärkstmögliche intellektuelle Intensivierung auf knappstmöglichem Raum hinwirkt. Quantitative Überlegungen müssen aus diesem Grunde fehlgehen; es ist eine qualitative Bestimmung, die sich äußert als Lakonismus, Konzision und Bündigkeit, verstanden als das Verbindliche wie das fest Gefügte. Von dieser Kürze leitet sich eine Metaphorik der Schärfe her, die sich in Bildern des Eindringlichen, Einprägsamen, Spitzfindigen, Scharfsinnigen, Zugespitzten (und also potentiell Verletzenden) ausdrückt. Überhaupt fällt das besondere Gewicht ins Auge, das den sprachlich-stilistischen Mitteln in diesen konzentrierten Textsorten zukommt, der Metapher, dem Wortspiel, dem Paradoxon. Ein Unverhältnis zwischen dem Umfang und der (intendierten) Wirkung ist geradezu programmatisch. Aphorismus und Epigramm verlangen eine besondere Rezipientenleistung, mehr oder weniger stark auf den Intellekt eingeschränkt, hier aber von besonderem Anspruch; sie machen sich geradezu abhängig davon. Man merkt ihnen die Herkunft aus einer didaktisch-zweckhaften Literatur an. Indem sie solche Forderungen des Genres erfüllt, gelingt Rauner im glücklichen Fall die Fahrt zwischen der Scylla (unmittelbar rezipierbar) und der Charybdis (ästhetisch langfristig befriedigend). Auch hierzu zwei Beispiele. Im ersten gelingt es ihr durch die genuin aphoristische Differenzierung, die durch den gewissermaßen hinterhältigen Schluss immanent vollzogen wird:

1. *Gesucht werden immer die Täter*
    darum findet man nie die Schuldigen.[14]

Die „Täter" und die „Schuldigen" wären also nicht identisch? Diese Einsicht hat sich nicht verbraucht, glaube ich. Im anderen Fall bemüht sie das Rätsel, eine Form, die mit dem Aphorismus manches gemeinsam hat, die Kürze, die besondere Leistung des Rezipienten, das didaktische Element, Andeutung und Pointe, und die uns in der Art, wie sie sie abwandelt, auch heute noch fordert:

2. *Was gibt mir der Staat?*
    Er gibt mir zu denken.[15]

Sie werden mit der aphoristischen Rätselfrage „Was gibt mir der Staat?" in die Richtung eines Geschenks gelenkt, das Ich scheint der Beschenkte, in der zweiten Zeile wird das Verb „geben" als unvollständiges Glied der Wendung „zu denken geben" ersichtlich („Er gibt mir zu denken"), das vermeintliche Geschenk wird zur Aufgabe, für das lyrisch-aphoristische Ich wie für den Leser. Auch hier kann ich uns das Gegenbeispiel – diesmal aus dem Sammelband von 1985 – nicht ersparen, das ganz nach Schema fragt: *„ Was hat eine defekte Leitung mit der Polizei gemeinsam? Sie teilen Schläge aus. "*[16] Man kennt die Uralt-Witzstruktur „Was hat A mit B gemeinsam?", die dann regelmäßig durch ein doppelsinniges Wort aufgelöst wird. Oder durch eine bloße Buchstabenvertauschung: *„ Was haben Penicillin und ein Mönch gemeinsam? Penicillin ist ein Heilserum und der Mönch hat ein Seil herum. "*

Bei Rauner ist es eben so, dass es Schläge geben kann von elektrischen Leitungen und von Gummiknüppeln. Die „Schleifspuren" behalten in den Gedichten vielfach das erprobte Reihungsprinzip bei; sie nehmen sich im „Lagebericht einer jungen Frau"[17], der sogar in China publiziert wurde, der Abtreibungs-Notlage an, sie schöpfen in der Grundvorstellung von Gitter, Zwang und Widerstand aus der eigenen Biographie. Da heißt es abschließend auf den Titel bezogen:

Die Schleifspuren beschreiben
vom ersten bis zum letzten Jahr
wie schwer das Aufrechtbleiben
im Lauf des Lebens war[18]

Besonders die Sonette wird man je nach Blickwinkel als operative Lyrik gelten lassen oder als klassische Betroffenheitspoesie kritisieren, die formal nicht genügt. Die Epigramme hingegen können bei einem offenen Gattungsverständnis, das gelegentliche Reime einschließt, insgesamt mehr überzeugen, zumal sie formal variabler werden und sich vermehrt und nicht ungeschickt des Wortspiels bedienen und die bewährten Mittel variieren, indem sie die Grenze wörtlich nehmen: *„ Auch Toleranzgrenzen überschreiten kann Alarm auslösen "*[19] oder, wenn sie im Anschluss an Brandts Regierungserklärung „mehr Demokratie wagen", indem sie mit dem Doppelsinn im Wort „Anschlag" spielen: *Mehr Demokratie wagen / … ein Wagnis / das der Lyriker auf sich nimmt / wenn er gegen die Feinde der Demokratie / im Durchschnitt dreißig bis vierzig Anschläge verübt / pro Zeile*[20]

Vermehrt bringt Liselotte Rauner hier auch zwei benachbarte Themen zusammen – die politische Emanzipation und die Emanzipation der Frau: *Die Frau spielt noch immer die Rolle / die ihr auf den Leib geschrieben wird.*[21] Die kritischen Einschätzungen, die sie dabei zu hören bekommt, setzt sie sofort literarisch in ihr Selbstverständnis als *„ kritische, parteiliche, aufmüpfige "* Frau um; allerdings zu schnell, zu vordergründig, als dass etwas davon bleiben könnte: *Daß Frauen schreiben / Kann man noch verzeihn / es müssen nicht unbedingt / Kochbücher sein … / Doch kritisch schreiben / Noch dazu parteilich / Also aufmüpfig! … / Das ist unverzeihlich.*[22]

Der Band „Kein Grund zur Sorge", den der Asso-Verlag zu ihrem 65. Geburtstag herausgibt, enthält viele Wiederabdrucke; er zeigt die Schwächen, die sich ihrer unbedingten Unterwerfung unter die schnelle, direkte, operative Rezeption der größten Zahl verdanken, wie auch die relativen epigrammatisch-aphoristischen Höhepunkte deutlicher.

> Es irrt der Mensch solang er lebt
> Wenn er nicht nach Befreiung strebt [23]

Das kann man nur poetisch und gedanklich platt nennen. Stärker ist sie dagegen, wenn sie sprachlich im Umfeld der aphoristischen Definition agiert und ganz nebenbei die Sprache als Herrschaftsinstrument zeigt, die von einem „Hausfrieden" nur höchst einseitig weiß:

> Wenn Hauseigentümer
> Wohnhäuser abbrechen
> Ist das kein Hausfriedensbruch [24]

Literarisch stärker, wenn wir für einen Augenblick noch einmal über das epigrammatisch Kurze hinausblicken, ist sie auch dort, wo sie den äußerst lapidaren Bericht ganz unscheinbar in der abschließenden Metapher pointiert:

> Kurzer Prozeß
> Die Anwälte / der Chemischen Werke XY
> konnten überzeugend / darlegen
> dass angebliche
> Gesundheitsschädigungen
> / der Bevölkerung mit absoluter Sicherheit
> aus der Luft gegriffen sind

> Eine bedauerliche Tatsache / aber sei
> dass durch / verantwortungslose
> Berichterstattung
> die Atmosphäre gegenseitigen / Vertrauens
> vergiftet wird [25]

Die Verkehrung der Verkehrung, also das Vergiften ins Buchstäbliche und gleichzeitig auf den Verursacher selbst zurückzuwenden, das überlässt sie dem Rezipienten, dem sie auch zu ihrem Besten hier mehr als üblich traut.

Liselotte Rauner spielt mit ihren zahlreichen Auftritten und Publikationen in den 1970er und 1980er Jahren eine Rolle im regionalen Literaturbetrieb, insbesondere natürlich in dessen politisch bekennender Linker. „Literatur in Aktion": So nennt sie ihre Arbeit. Sie unternimmt Reisen in die DDR, nach Polen und Russland. Ihre politischen Aktivitäten reichen von der regionalen Neuordnung ihrer Heimatstadt bis zur Solidarität mit dem Chile Allendes. Vereinzelt bringen es ihre Texte bis zu der Ehre, in ein Schulbuch aufgenommen zu werden. Das Werk umfasst neben dem Ausschnitt, den ich hier vorgestellt habe, rund zwanzig Schallplatten mit Vertonungen, u.a. von Klaus Hoffmann und Dieter Süverkrüp. 1986 hat sie als erste Autorin den Literaturpreis Ruhrgebiet bekommen. 1992 starb ihr Mann. Was das für sie bedeutete, drückt die Lakonie ihrer eigenen Worte am besten aus:

> Weiterleben ohne Dich
> mein Sterben vorweggenommen.

Sie zog sich aus der Öffentlichkeit zurück. Die Grabrede Käufers, in der von „Hoffnungs-verlusten" und „Reibungsschäden im Umgang mit den Menschen" die Rede ist, deutet das Lebensgefühl der letzten Jahre nur vorsichtig an. 1998 gründete sie die Liselotte und Walter Rauner-Stiftung, deren Aufgabe die Förderung der zeitgenössischen Lyrik in Nordrhein-West-falen ist. Sie hat dazu eine Buchreihe „Forum Lyrik" herausgegeben und gefördert. In seiner

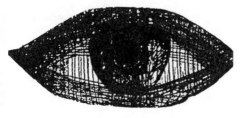

Gratulationsrede zum 80. Geburtstag hat Käu-fer an ihrer und seiner unerschütterlichen Über-zeugung festgehalten: „In einer Welt der soge-nannten Globalisierung, hinter der sich oft ein unbarmherziger Kapitalismus versteckt, in ei-ner Zeit, in der die Bedürfnisse des Menschen, z.B. das Recht auf Arbeit, das Recht auf Kultur, nicht immer Beachtung finden und als oberste Prioritäten politischen Handelns anerkannt wer-den, in einer Situation der strangulierten Kultur-etats und der vollen schwarzen Kassen, ist es schwer, auf gerechtere Entwürfe für menschli-ches Dasein zu hoffen. Und trotzdem: die Lite-ratur ist nicht zweckfrei, sie hat auch die Auf-gabe, den Glauben an eine veränderbare Welt zu fördern und wachzuhalten." Im Jahr 2005 ist sie gestorben. Die Stadt Bochum hat sie als eine der profiliertesten Schriftstellerinnen des Reviers verabschiedet, die Westdeutsche Allge-meine schrieb: „Mit Lilo Rauner ist eine Dichterin aus jener Zeit gestorben, als der rote Großvater (und nicht nur er) von der Revoluti-on träumte und der brave Bürger die lieben Klei-nen vor den Schmuddelkindern warnte. Ferne Jahre, in denen der Volksmund mündig wurde, wie Lilo Rauner hoffte."

Was bleibt?

Es bleiben einzelne Texte, vornehmlich aphoris-tisch-epigrammatische, die die Gattungsgesetze davor bewahrt haben, allzu direkt und auf den Augenblick bezogen zu sein. Es bleiben die be-klagten Inhalte. Und es bleibt die Frage, warum eine Zeit, die die Menschen brutalst möglich in wenige Globalisierungsgewinner und ganz vie-le Globalisierungsverlierer aufteilt, diese Themen kaum aufgreift. Was die sogenannte „Kleine Gattung" betrifft, ist jedenfalls eine tendenziell ähnliche Gesinnungs- und Gebrauchsaphoristik wie in den 70ern nicht zu beobachten. Eine Li-teratur aber, die sich, in welcher Form auch immer, empören kann, bleibt nach wie vor zu wünschen.

Literatur

Alles in Bewegung. Gedichte. Oberhausen: Asso 1990.

Zu Liselotte Rauner: Friedemann Spicker: Der deutsche Aphorismus im 20. Jahrhundert. Tübingen: Niemeyer 2004, S. 781-782.

Anmerkungen

[1] Kein Grund zur Sorge. Gedichte, Epigramme, Songs. Oberhausen: Asso 1985, S. 33.

[2] Hans-Ulrich Treichel, in: Lyrik der neunziger Jahre, hg. von Theo Elm. Stuttgart: Reclam 2000, S. 95.

[3] Der Wechsel ist fällig. Recklinghausen: Bitter, S. 10.

[4] ebd., S. 12.

[5] ebd., S. 15.

[6] Kein Grund zur Sorge, S. 15.

[7] Der Wechsel ist fällig, S. 34.

[8] ebd., S. 36.

[9] Wenn der Volksmund mündig wird. Slogans, Songs und Epigramme. Wuppertal: Hammer 1973, S. 28.

[10] ebd., S. 11.

[11] ebd., S. 38.

[12] ebd., S. 17.

[13] ebd., S. 19.

[14] ebd., S. 32.

[15] ebd., S. 37.

[16] Kein Grund zur Sorge, S. 94.

[17] Schleifspuren. Gedichte, Epigramme, Sonette. Oberhausen: Asso 1980, S. 11.

[18] ebd., S. 13.

[19] ebd., S. 35.

[20] ebd.

[21] ebd., S. 25.

[22] ebd., S. 26.

[23] Kein Grund zur Sorge, S. 75.

[24] ebd., S. 76.

[25] ebd., S. 20.

EDITH LINVERS

Von vielen Empfindungen wiegt das Gefühllose am schwersten.

Aus dem Denken werden Zweifel geboren, aus Gefühlen Verzweiflung.

Sie untersuchten mich nach Waffen. Die Zunge haben sie übersehen.

HELMUT PETERS

RückWirkung
Wer versucht, jede Krankheit im Keim mit der chemischen Keule zu
erschlagen, muss sich nicht wundern, wenn auch die Krankheit nachrüstet!

Wer vernagelt ist, trifft selten denselben auf den Kopf!

Süßes hilft auf Dauer nicht gegen Verbitterung!

ROLF POTTHOFF

Fortschritt: Nie zuvor hatte das Kasperltheater eine GEZ.

Schwarzmaler züchten Rotstifte.

Wir leben in einem Land, in dem Träume soviel gelten,
als hätte Columbus nie existiert.

Joachim Klinger, Hilden

„Oft schmückt man sich gerade mit den Federn, die andere haben lassen müssen."
Gerhard Uhlenbruck

Zygmunt Januszewski, Warschau

„Ich bin zu eigen, um dein zu sein."
Eva Schwarz

Hans-Joachim Uthke, Haan

„Unsere Tage sind gezählt – durch die Statistiker."
Stanislaw Jerzy Lec

Hans-Joachim Uthke, Haan

„Es gibt allemal einen Narren mehr, als jeder glaubt."
Georg Christoph Lichtenberg

Zygmunt Januszewski, Warschau

„Metaphern schützen die Gedanken vor der ihnen innewohnenden Ideologie."
Michael Rumpf

Michael Görler, Hattingen

„Mit der Eheschließung erwirbt man einen Bauplatz, kein Fertighaus."
Hans-Armin Weirich

Hans-Joachim Uthke, Haan

„Es kommt nicht wie gedacht, es kommt wie gerufen."
Elazar Benyoëtz

Hans-Joachim Uthke, Haan

„Wenn auch mal einer lebendig begraben wird,
so bleiben dafür hundert andere über der Erde hängen, die tot sind."
Georg Christoph Lichtenberg

Zygmunt Januszewski, Warschau

„Wahre Haarspalter lassen an niemandem ein gutes Haar."
Jürgen Wilbert

Zygmunt Januszewski, Warschau

„Auch wem nichts passieren kann, hat keine ruhige Minute."
Martin Liechti

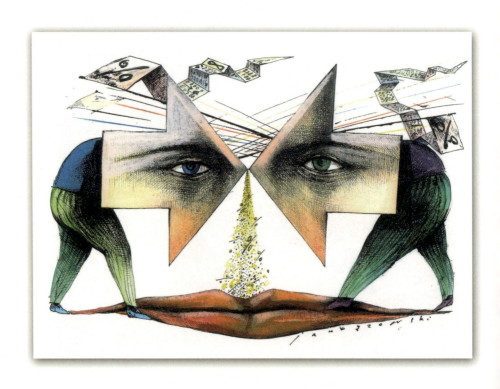

Zygmunt Januszewski, Warschau

„Gegensätze sind Harmonie auf Zeit."
Karin Janke

Zygmunt Januszewski, Warschau

„Er würde sich manchen Traum erfüllen, wenn er nicht Angst vorm Erwachen hätte."
Christian Uri Weber

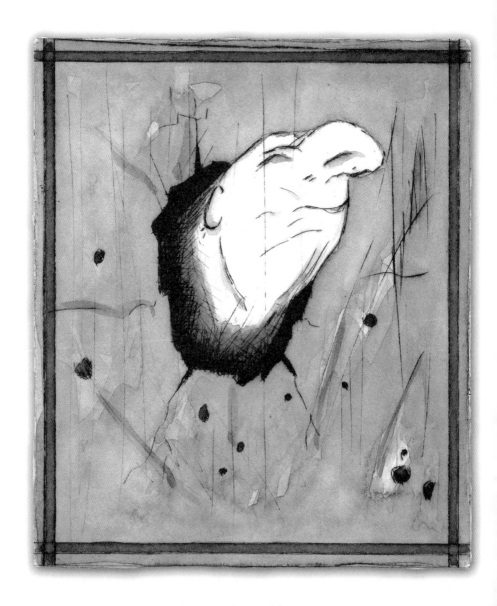

Hans-Joachim Uthke, Haan

„Nun bist du mit dem Kopf durch die Wand.
Und was wirst du in der Nachbarzelle tun?"
Stanislaw Jerzy Lec

Joachim Klinger, Hilden

„Eine gescheite Frau hat Millionen geborener Feinde – alle dummen Männer."
Marie von Ebner-Eschenbach

Hans-Joachim Uthke, Haan

„Es gibt wenig aufrechte Freunde – die Nachfrage ist auch gering."
Marie von Ebner-Eschenbach

Hans-Joachim Uthke, Haan

„Wer immer nur schön Wetter macht, läßt andre gern im Regen stehn."
Jürgen Wilbert

FELIX RENNER

Auszeichnungen sind Anpassungsprämien.

Ein Künstler darf keinen allzu hohen Preis bezahlen,
wenn er einen bekommen will.

Die besondere Stressbelastung des zeitgenössischen Aphoristikers:
Er leidet unter dem Drang, Konzentrate aus Zusammenhängen
herauszupressen, die in voller Auflösung begriffen sind.

MICHAEL RICHTER

Ehrlich wartet am längsten.

Ein Glück, dass ich nicht alle kenne, die ich nicht mag.

Bleiben ist etwas Vorübergehendes. Aufbrechen ist ewig.

FRITZ P. RINNHOFER

Gleichgültigkeit ist das Engagement der Feiglinge.

Viele haben nur deshalb ein reines Gewissen,
weil sie rechtzeitig einen Schuldigen gefunden haben.

Wer überhört wird, wird auch überstimmt.

„Gedanken auf die Sprünge helfen"
7 Thesen über den **Aphorismus**

HUGO ERNST KÄUFER

1. Aphorismen sind darauf aus, Gedanken auf die Sprünge zu helfen, sie strafen Wortgesabber Lügen, sie schließen nicht ab, sondern auf, sie zielen auf etwas, schaffen Freunde und Feinde, sind auf Entlarvungen aus, wollen anstoßen, nicht überreden, stellen Widersprüche bloß. Es gehört zur aphoristischen Kleinkunst, sich selbst auf die Schüppe zu nehmen. Aphoristiker sind schlechte Parteiredner – die brauchen mehr Zeit. Neulich schrieb ein Kritiker über einen bekannten Autor: Er kommt in die Jahre – jetzt schreibt er Aphorismen.

2. Georg Christoph Lichtenberg nannte die Hefte, in die er seine Aphorismen schrieb, *Sudelbücher*, eine Sammlung von Kurt Tucholsky trägt den Titel *Schnipsel*. Lichtenberg verstand seine Aphorismen als Arbeitsnotizen, die einen Ausdruck, wie er es nannte, schattieren sollten.[1] In seinen Skizzen beobachtete Tucholsky menschliche Bewegungen, im Café, in der U-Bahn, irgendwo hielt er aufgefangene Redeweisen fest, beschrieb er die Un-Logik in der Logik der Sprache, redete er der Zeit ins Gewissen, wandte er sich gegen Spießbürgertum und Diktatur.

3. Aphorismen sind sprachliche Momentaufnahmen oder anders gesagt: sind Spots, Spotlights, die liebgewordene Volksweisheiten, Redensarten, Sprichwörter, Denkgewohnheiten, Denkmuster, Politisches, Soziales, Gesellschaftliches und Kulturelles aufbrechen, provozieren und in einen neuen überraschenden Kontext bringen wollen.

4. Sprachlich und thematisch überzeugend gelungene Aphorismen zeichnet oft ein schlitzohriger Humor aus, der an keiner Stelle gestelzt oder aufgesetzt wirkt. Eine verhaltene überlegende Heiterkeit teilt sich mit, von der Max Bense sagt, dass sie in jedem guten Aphorismus vorhanden sei; im Aphorismus „bereitet sich eigentlich immer ein wenig von jenem seltenen Geist, der es versteht, auf Tiefe heiter zu sein."[2] Der Aphorismus, meint Bense, liebe es dort aufzutauchen, wo gespielt werde und doch Masken getragen würden.

5. Spots/Spotlights kommen einfach daher, man täuscht sich jedoch nicht, diese Leichtigkeit, diese elegante Schwerelosigkeit der von spiritueller Intimität, „sie erinnern an jenes zarte Porzellan, das nur so lange schön und edel ist und gut tönt, wie das Gebilde nicht zu groß und seine Masse nicht zu schwer geworden ist" (Bense). Allerdings gewinnt man bei manchen Aphorismen der Gegenwart den Eindruck, um bei dem Porzellanvergleich zu bleiben, dass im Gebilde ein Sprung vorhanden ist.

6. Aphorismen löcken wider den Stachel, reizen den Widerspruch, das spricht für ihre Qualität. Sie schließen das Private nicht aus und helfen, die Umwelt, den Alltag, die Ich-Du-Beziehung durchsichtiger und einsichtiger zu machen. Der heute leider vergessene, 1977 in Duisburg verstorbene Autor und Kunstförderer Guido Hildebrandt schreibt in seinem im Todesjahr bei Gilles und Francke erschienenen schmalen Band *Spot und Hohn*: „Rücksicht hat drei Augen: eins auf den Nächsten."

7. Welche Eigenschaften neben einer äußerst konzentrierten Diktion einen interessanten Aphorismus auszeichnen, lässt sich mit dem Titel eines Dramas von Christian Dietrich Grabbe benennen: *Scherz, Satire, Ironie und tiefere Bedeutung*, wobei eine den eigenen Standort regulierende Selbstkritik nicht unbeachtet bleiben sollte – Merkmale im oft stringenten Zusammenklang, wie sie zum Beispiel in dem zunehmend grassierenden, sich wenig geistreich darstellenden Comedy-Klamauk der Gegenwart kaum anzutreffen sind.

Anmerkungen

[1]Georg Christoph Lichtenberg: Sudelbücher, E 150 (Schriften und Briefe, 1. Band, Hg. von W. Promies, 1968, S. 373).

[2]Max Bense: Über die Heiterkeit im Aphorismus, Ausgewählte Werke, Band 1, S. 239ff.

Interview

Hugo Ernst Käufer
im Gespräch mit Friedemann Spicker

am 4.11.2006

FS: Wie hat Ihre literarische Beziehung zu Liselotte Rauner begonnen?

HEK: 1967/68 kam sie zu mir und brachte ein Manuskript mit. Sie war bis dahin völlig unbekannt. Sie wollte mein Urteil hören, und neugierig, wie ich war, habe ich die Texte gleich angesehen. Es war keine Anfängerlyrik, ich war überrascht von der gekonnten Form. Ihre Vorbilder waren Brecht, Tucholsky, Benn. Schon ihre erste Lesung hatte Erfolg. Ich habe sie dann auf dem Weg zur ersten Publikation begleitet („Der Wechsel ist fällig"), und sie wurde zunehmend bekannt.

Nun zu Ihnen: Welche Autoren haben Sie beeinflusst?

Ich neige zur Kurzform als Randnotiz, aus dem Moment heraus, zum Gedicht, auch zum Aphorismus, darauf bin ich immer wieder zurückgekommen.

Die Szene damals: Astel, Lamprecht, Hildebrandt: hat man sich gekannt?

Ja. Die Gelsenkirchener Werkstatt hatte so etwas wie bundesweite Ausstrahlung. Sie wollte zum ersten Mal Literatur über Bücher hinaus auch auf andere Weise unter die Leute bringen. Es entstand ein Netzwerk unter den Autoren, auch echte Freundschaften entstanden. Ende der 60er Jahre war ich Mitglied des PEN-Club – auch da entstanden Freundschaften.

Gab es auch politisch-ästhetische Kontroversen innerhalb dieser Linken?

Man hat über Sprachästhetik, Form und Inhalt heftig diskutiert. Es gab Meinungsverschiedenheiten über den Wert einzelner Texte.

Und Lichtenberg, inwiefern ist er für sie Vorbild, nur formal oder auch inhaltlich mit einem solchen Aphorismus:

„Wenn eine Geschichte eines Königs nicht verbrannt worden ist, dann will ich sie nicht lesen."?

Man schaut sich um, man versucht Vorbilder zu finden, die dem eigenen Sprachbewusstsein weiterhelfen. Und da ist Lichtenberg immer auch Beispiel für mich gewesen. Er ist Wegbegleiter bis heute, natürlich neben den in Kindheit und Jugend verbotenen Autoren: Brecht, Tucholsky und anderen.

Haben Sie konkrete Vortragserfahrungen mit Texten, die ‚angekommen' oder ‚nicht angekommen' sind?

Was wollten die Autoren mit ihren Texten auf der Straße? Literatur kann die Welt nicht verändern. Aber Denkanstöße kann sie geben, Leute ansprechen in der Fabrik, im Jugendheim, im Kaufhaus, die sich bisher kaum mit Literatur beschäftigt haben.

„Schreiben = Aktion", das war Ihr Motto. Wie sehen Sie diese Gleichung aus einem Abstand von 30 Jahren?

30 Jahre verändern in der Sprache und in den Themen viel. Arbeiterliteratur gibt es heute nicht mehr. Wer lebt heute in der Welt der Computer noch von der Handarbeit? Da muss sich auch die Literatur entsprechend verändern.

„Gesinnungsaphoristik", „Gebrauchsaphoristik": Können Sie sich mit solchen Begriffen identifizieren?

Die Begriffe haben für mich nichts Abwertendes, das ist operative Literatur. Wenn Form und Inhalt zusammenkommen, ist es ein guter Text. Man sollte sich zum Beispiel die Sonette Liselotte Rauners ansehen. „Wo werden Gärten so geliebt"[1]: Etwas Besseres über das Ruhrgebiet ist nicht geschrieben worden.

Anmerkungen

[1]Liselotte Rauner: Kein Grund zur Sorge, S. 24.

Aphorismus und Sprichwort
Linguistische Untersuchungen zu Form und Inhalt
DIETRICH HARTMANN

Die grammatische Form von Aphorismen: Forschungslage

Aphorismen aus sprachwissenschaftlicher Sicht zu begutachten, ist aus mehreren Gründen reizvoll wie schwierig. Um gattungsspezifischen Eigenschaften der Aphorismen auf die Spur zu kommen, lag die Analyse nach rhetorischen Figuren nahe. Viele Aphoristiker verwenden, um ein Höchstmaß an sprachstilistischer Eleganz und Geschliffenheit der Formulierung zu erreichen, rhetorische Figuren, beispielsweise den Parallelismus, wie Friedrich Nietzsche im Beispiel (1) a., und den Chiasmus wie im Beispiel (1) b. von Jean Paul:

> **(1) a.** *Das einzige Menschenrecht – Wer vom Herkömmlichen abweicht, ist das Opfer des Außergewöhnlichen; wer im Herkömmlichen bleibt, ist der Sklave desselben. Zugrunde gerichtet wird man auf jeden Fall.*[1]
>
> **b.** *Nach der Vernunft gehören die Fürsten den Ländern, nach der Unvernunft gehören die Länder den Fürsten.*[2]

Rhetorische Figuren nach Form und Funktion zu untersuchen, gehört gleichermaßen zum Aufgabenfeld von Sprach- wie Literaturwissenschaft, aber mit unterschiedlicher Schwerpunktsetzung.

Ein zweiter Reiz, insbesondere die Ausdrucksseite von Aphorismen zu betrachten, entspringt deren bekanntermaßen großer Vielfalt in der sprachlichen Gestaltung. Sie zeigt sich beispielsweise in den sehr unterschiedlichen Textlängen. Die Länge der „Mikrotexte", wie Aphorismen und Sprichwörter zu benennen üblich geworden ist, reicht von nur einem Satz bis zu einer Vielzahl von Sätzen, für die eine Obergrenze nicht angegeben werden kann. Die Sprachwissenschaft hat bis heute wenig Interesse an der Erforschung des Aphorismus gefunden. Selbst in der Phraseologieforschung, wo man sie am ehesten suchen würde, weil sie sich mit festen Redewendungen beschäftigt, werden sie ausgesprochen randständig behandelt. Während Wolfgang Fleischers Einführung in die Phraseologie von 1997 immerhin einen Abschnitt über „Sentenz, Maxime, Aphorismus, geflügeltes Wort" enthält, geht die jetzt aktuelle Einführung in die Phraseologie von Harald Burger (2003) auf Aphorismen nicht ein. Offensichtlich werden Aphorismen wegen ihrer Texthaftigkeit – sie umfassen oft mehr als zwei Sätze – und wegen ihrer Markiertheit als literarisches Produkt individueller und als verantwortlich zeichnender Literaturproduzenten als allei niger wissenschaftlicher Gegenstand der Literaturwissenschaft angesehen.

Grenzmanns älterer Beitrag enthält eine Bestimmung des Aphorismus als Stilform für „den Ausdruck einer menschlichen Grundhaltung", nämlich eigenständig Erkanntes meist als Widerspruch zu bequemen Denkgewohnheiten in unsystematischer Weise ästhetisch zu gestalten. Seine Kennzeichen wie Antithese, Parallelismus, Chiasmus oder Scheindefinition sind in der Folgezeit wegen Unklarheit vielfach kritisiert worden. Wie sind angesichts der kaum überschaubaren Menge an Aphorismen, begleitet von einem ebenso wenig überschaubaren Formenreichtum, solide Aussagen über die Gestaltung von Aphorismen möglich? Grosses Untersuchung zur Syntax von Aphorismen (1965) geht diese Ausgangsfrage in mehreren Schritten an: Ansatz bei der sprachlichen Form (Syntax), Aufgliederung der Aphorismen nach dem Grad ihrer textlinguistischen Komplexität in ein-, zwei- und mehrgliedrige Aphorismen, Konzentration teils auf ein-, teils auf zweigliedrige Aphorismen. Das Prinzip der gedanklichen Zweiteilung des Aphorismus wird überzeugend vorgeführt.

Die Forschungslage für Sprichwörter ist gegenüber der für Aphorismen ungleich reichhaltiger. Merkwürdigerweise ist ihre Syntax trotzdem sehr wenig untersucht worden. Sehr lange Zeit waren Sprichwörter ausschließlich Forschungsgegenstand von Ethnologie, Volkskunde und Literaturwissenschaft, und auch die Phraseologie interessiert sich erst in den letzten Jahren für die Syntax fester Formulierungen. Daher sind die Arbeiten von Lenz (1993 und 1998) zur Syntax von Sprichwörtern hoch innovativ zu nennen.

Anlage der syntaktisch-stilistischen Untersuchung

Angesichts des Mangels an linguistischen Untersuchungen zu Form und Inhaltsstrukturen von Aphorismen einerseits und der Vielgestaltigkeit von Aphorismen andererseits setzt der folgende Versuch zur Charakterisierung der Gattung „Aphorismen" an deren Ausdrucksebene an, und zwar zunächst bei der Verwendung syntaktischer Formen wie Satzart, Satzform und grammatischer Vollständigkeit, in einem weiteren Schritt bei satz- und textsemantischen Eigenschaften. Im Weiteren stelle ich den Kontrast mit entsprechenden syntaktisch-sprachstilistischen Eigenschaften von Sprichwörtern her, und zwar aus zwei Gründen: Erstens ist die Forschungslage hier entschieden entwickelter. Zum andern bezeugt die Herausarbeitung von stilistisch relevanten syntaktischen und satzsemantischen Struktureigenschaften von Aphorismen und Sprichwörtern Unterschiede, aber auch Gemeinsamkeiten zwischen den beiden einander ähnlichen Gattungen. Als Datengrundlage werden weitgehend Aphorismen nur einer Autorin verwendet, nämlich die bei Fieguth zusammengestellten 113 Aphorismen von Marie von Ebner-Eschenbach. Meine Überlegungen beanspruchen nicht, alle poetischen, ästhetischen und erkenntnisbefördernden Eigenschaften zu behandeln; ein Anspruch auf Verallgemeinerung der Befunde kann auf so schmaler Basis nicht erhoben werden.

Begriffsbestimmungen

Die Wirkung von Aphorismen resultiert vielfach aus der Technik, Phraseologismen zu verwenden, und zwar so, dass der phraseologischen Bedeutung des Ausdrucks dessen wörtliche Bedeutung (oder einzelne Elemente davon) gegenübergestellt wird:

(2): *Jeder Mensch hat ein Brett vor dem Kopf – es kommt nur auf die Entfernung an.*[3]

Die phraseologische Bedeutung dieses Satzes im Sinne von *,begriffsstutzig'* wird mittels einer folgenden Einschränkung antithetisch kontrastiert, die mit Hilfe des sprachlich gefassten, naheliegenden Sachverhalts formuliert wird, dass zwischen Kopf und Brett ein variabler räumlicher Abstand besteht, ein Teilgedanke (Schluss), der der nichtphraseologischen Bedeutung entnommen werden kann.

Die Phraseologieforschung hat mehrere zentrale Eigenschaften von Phraseologismen herausgearbeitet: ‖ Phraseologismen unterhalb der Satzgrenze sind mehrgliedrig ‖ Phraseologismen sind syntaktisch fest, die einen mehr, die anderen weniger ‖ Phraseologismen sind oft bildhaft, andere nicht, man vergleiche:

(3) a. *Das schlägt dem Fass den Boden aus (bildhaft)*

b. *Der ist geschenkt noch zu teuer (nicht bildhaft);*

Phraseologismen sind oft idiomatisiert, d.h. die phraseologische Bedeutung kann oft nicht aus den Bedeutungen der einzelnen Wörter des Phraseologismus abgeleitet werden, z.B. bei dem Phraseologismus *jmd. auf die Palme bringen* ,jemanden wütend machen'. Man unterscheidet deshalb die phraseologische Bedeutung, in unserem Beispiel ,jemanden wütend machen' von der nichtphraseologischen Bedeutung, jemanden auf eine Palme hinaufbefördern'. Oft ist die wörtliche Bedeutung jedoch nicht vorhanden. Sie kann beispielsweise mit dem Gegenstand verloren gegangen sein wie bei dem Phraseologismus *jemand hat etwas auf dem Kerbholz* ,jemand hat etwas Unrechtes getan, jemand hat eine Straftat begangen'. Kerbhölzer, in denen früher durch Einschnitte Arbeitsleistungen oder Schulden festgehalten wurden, sind heute nicht mehr gebräuchlich. An ihre Stelle sind andere Wissensspeicher getreten, Computer, Bierdeckel, Notizzettel.

Wenden wir uns der Begriffsbestimmung von Sprichwort und Aphorismus zu. Sprichwörter bestehen aus einem Satz oder zwei Sätzen, die jedoch anders als die festen Phrasen ("Redewendungen") durch kein lexikalisches Element an den Kontext angeschlossen sind, etwa durch Demonstrativpronomina und Adverbien wie in (4):

(4) a. *Das macht den Kohl nicht fett.*

b. *Das wäre ja gelacht!*

c. *Da liegt der Hund begraben.*

d. *Jetzt schlägt's dreizehn.*

Von anderen satzwertigen Wendungen unterscheidet sie ihre lehrhafte Tendenz und ihr Zitatcharakter. Es sind nicht eigene, sondern von anderen übernommene Texte: „seit alters her vorhanden, im Wissen eines Kollektivs und produziert von diesem Kollektiv". Beides, Kontextfreiheit im Sinne fehlender lexischer Anschlüsse und Zitatcharakter, hat zu der Bestimmung von Sprichwörtern als Mikrotexten geführt. Es gibt spezielle Argumente, nämlich ihre besonderen Regeln, die sie zu einem literarischen Text machen. Auch sie besitzen eine wörtliche und eine phraseologische Bedeutung. Die wörtliche ergibt sich aus den Bedeutungen der einzelnen Komponenten sowie aus dem gesamten Ausdruck. Bei *Der Apfel fällt nicht weit vom Stamm* ergibt sie sich aus den Bedeutungen der Nominalgruppe *der Apfel*, der präpositionalen Nominalgruppe *vom Stamm*, der Wortform *fällt* des Verbs *fallen*, der Negation *nicht* und des Adverbs *weit*. Als die (intendierte) phraseologische Bedeutung gibt der Duden (Redewendungen, 2002) an: „jmd. ist in seiner [negativen] Anlage, seinem Verhalten den Eltern bzw. einem Elternteil sehr ähnlich".

Eine weitere Dimension der Bedeutung tritt hinzu, wenn es um die Verwendung von Sprichwörtern in Texten und Sprechsituationen geht: die „kommunikative Bedeutung". Mit dem Sprichwort *Der Apfel fällt nicht weit vom Stamm* kann man etwas erklären oder feststellen oder bestätigen, und man kann sich leicht an selber erlebte Verwendungssituationen erinnern. Das Erkennen der intendierten Bedeutung auf der semantischen Ebene verbindet sich mit dem Erkennen der Absichten und intendierten Wirkungen, die jemand mit einer Äußerung verfolgt: der kommunikativen oder pragmatischen Bedeutung einer Äußerung. Mit Sprichwörtern kann man warnen *(Schuster bleib bei deinem Leisten!; Wer anderen eine Grube gräbt, fällt selbst hinein; Was Hänschen nicht lernt, lernt Hans nimmermehr)* oder drohen *(Hochmut kommt vor dem Fall)*, man kann mit einem Sprichwort etwas bekräftigen oder begründen. Was die in Sprichwörtern enthaltenen Themen angeht, so hat man gesagt, dass sie vielfach Situationen des Lebens abbilden, indem sie bestimmte Lebenssituationen oder Verhaltensweisen aufgreifen und modellhaft verallgemeinern.

Sprichwörter haben heute in der elterlichen Erziehung und in der Schule keine Konjunktur, das Wissen darüber ist jedoch präsent. Davon zeugen die zahlreichen spielerischen Abwandlungen, die Sprichwörter und andere Wendungen im öffentlichen Sprachgebrauch erfahren, vor allem in den Medien, bei Werbeanzeigen im Werbeslogan und in der Schlagzeile, gewöhnlich zur Erweckung von Aufmerksamkeit.

In der Phraseologieforschung hat Wolfgang Mieder (1982-89) „Antisprichwörter" gesammelt:

(5) a. *Eigentor stinkt.*

b. *Überstund hat Geld im Mund.* (Spiegel)

c. *Wer Geld sät, soll Kapital ernten.* (Werbung)

d. *Kommt Zeit, kommt Rad.* (Auto-Werbung)

Stärker noch als Sprichwörter sind Aphorismen angelegt als singuläre Texte, die auf ihre Weise zu denken geben wollen und zum Einsichtnehmen in problematisierte Verhaltensweisen auffordern. Die Definition aus der Sammlung literaturwissenschaftlicher Grundbegriffe von Gfrereis (1999) lautet so: „Aphorismus [...] knappe und geistreiche, oft überspitzte Formulierung eines Gedankens in Prosa; zeichnet sich durch Denk- und Stilfiguren [...] aus, die verblüffende Verbindungen [...] herstellen und dazu führen, dass der Aphorismus nur schwer widerlegt werden kann: ein Aphorismus leuchtet ein, er ist nicht richtig oder falsch". Anders als Sprichwörter, die überwiegend einen oder zwei Sätze umfassen, finden sich in Aphorismen bis zu sieben oder mehr Sätze. Beide Sorten von Mikrotexten, Aphorismen wie Sprichwörter, haben nicht nur die Textkürze gemeinsam, beide können auch als literarische Texte betrachtet werden.

Zur Grammatik von Aphorismen und Sprichwörtern

Sprichwörter: Die Sätze von Sprichwörtern haben mit Aphorismen und festen Phrasen gemeinsam, dass sie eine vollständige Aussage bilden. Sie begegnen uns sowohl als syntaktisch vollständige wie unvollständige, d.h. reduzierte Sätze. Beispiele für syntaktisch vollständige Sätze:

(6) a. *Der Mensch lebt nicht vom Brot allein.*

b. *Der Mensch denkt, Gott lenkt.*

c. *Man soll den Tag nicht vor dem Abend loben.*

Beispiele für Sprichwörter mit syntaktisch unvollständigen Sätzen:

(7) a. *Eile mit Weile.*

b. *Ohne Fleiß kein Preis.*

c. *Des einen Freud, des anderen Leid.*

Den syntaktisch unvollständigen Sätzen fehlt eine grammatische Konstituente, z.B. das finite Verb in (7) a. oder die Kopula *ist* in (7) c. Versucht man, das Fehlende zu ergänzen, so entsteht oft ein gewisser Spielraum, indem mehrere Deutungen möglich sind. Heißt es nach (7) a. ‚Die Eile sollte Weile haben' oder ‚Betreibe Eile mit Weile'?

Aphorismen: Die Annahme liegt nahe, dass Aphorismen wegen ihrer Zugehörigkeit zur Schriftlichkeit ausschließlich syntaktisch vollständige Sätze bilden. Aber diese Annahme erweist sich als falsch. Immerhin finden sich schon in unserer kleinen Datensammlung zwei syntaktisch unvollständige Aphorismen:

(8) a. *Der Gescheitere gibt nach. Ein unsterbliches Wort! Es begründet die Weltherrschaft der Dummheit.*[4]

b. *Eine gescheite Frau hat Millionen geborener Feinde – alle dummen Männer.*[5]

In (8) a. findet sich ein Ausruf in der Form einer prädikativen Nominalgruppe, in (8) b. eine Spezifizierung des Genitivattributs als partitiver Genitiv im vorhergehenden Satz in Form des Nachtrags *alle dummen Männer*. Die Aphorismen Ebner-Eschenbachs weisen also unvollständige

Sätze auf, allerdings in viel geringerer Zahl als zweigliedrige Sprichwörter. Unter mediumspezifischen Gesichtspunkten geht es bei elliptischen Sprichwörtern um Mündlichkeit, die der optimalen Erinnerbarkeit und Gedächtnisentlastung dient, bei Aphorismen um eine inszenierte Mündlichkeit, die der stilistischen Wirkungsabsicht der Autorin folgt. Der Vergleich zwischen Sprichwort und Aphorismus unter dem Gesichtspunkt der grammatischen Vollständigkeit trennt die Gattung Aphorismus von der Gattung Sprichwort eher, als dass er sie miteinander verbindet.

Satzformen, Satzkomplexität

Sprichwörter: Wie die festen Phrasen so weisen auch die Sprichwörter syntaktisch einfache (9) und zusammengesetzte Sätze (10) ebenso sowie Satzreihen (zwei voneinander unabhängige Teilsätze; 11) bzw. Folgen von Sätzen auf. Ältere Behauptungen von der Dominanz des einfachen Satzes müssen relativiert werden.

(9) *Morgenstund hat Gold im Mund.*

(10) a. *Wer andern eine Grube gräbt, fällt selbst hinein.*

b. *Wie gewonnen, so zerronnen.*

(11) *Der Mann in den Rat, die Frau ins Bad.* Die höhere Differenziertheit der Sprichwörter beispielsweise gegenüber den festen Phrasen zeigt sich auch in der Vielfalt der Satzstrukturen, etwa bei den Nebensätzen:

(12) a. *Der Krug geht so lange zum Brunnen, bis er bricht.*

b. *Wie man in den Wald hineinruft, so schallt es heraus.*

c. *Je später der Abend, desto schöner die Gäste.*

In (12) a. ist der erste Teilsatz ein Temporalsatz, in (12) b. liegt ein Vergleichssatz vor, in (12) c. ein Konjunktionalsatz mit der korrelativen Konjunktion *je – desto*. Der syntaktischen Vielfalt steht die Beschränkung auf eine überschaubare Liste von syntaktischen Konstruktionsmustern gegenüber:

(13) a. *A ist B: Zeit ist Geld.*

b. *A ist nicht B: Aufgehoben ist nicht aufgeschoben.*

c. *Ohne A kein B: Ohne Fleiß kein Preis.*

d. *Kein A ohne B: Keine Rose ohne Dornen.*

e. *Wie A so B: Wie der Herr so's Gscherr.*

Diese Strukturmuster sind fester Bestandteil im Wissen der Sprecher/innen über Sprichwörter; sie werden von ihnen ausschließlich diesem Genre zugeordnet.

Aphorismen: Bei den Satzformen der Aphorismen finden sich neben syntaktisch einfachen Sätzen solche mit erheblich höherer syntaktischer Komplexität als bei den Sprichwörtern. Unsere kleine Ebner-Eschenbach-Auswahl weist zusammengesetzte Sätze (Satzgefüge) sehr verschiedener Typik auf, gleichgeordnete und über-/untergeordnete Teilsätze, verbundene und unverbundene Teilsätze und andere grammatische Konstruktionen.

(14) *Die Menschen, denen wir eine Stütze sind, die geben uns den Halt im Leben.*[6]

In diesem Beispiel enthält ein Hauptsatz einen Relativsatz, dem anstelle der zu erwartenden Verbalgruppe erneut ein Hauptsatz folgt, eingeleitet durch das anaphorisch verwendete Demonstrativpronomen *die*, insgesamt ein Konstruktions-

wechsel, der Mündlichkeit signalisiert. Noch ausgeprägter als in (14) liegt in (15) ein Konstruktionswechsel vor:

(15) *Ehen werden im Himmel geschlossen, aber dass sie gut geraten, darauf wird dort nicht gesehen.*

In (15) liegt eine Satzreihe vor. Sie besteht aus einem syntaktisch einfachen Satz und einem Satzgefüge mit Konstruktionswechsel. Das Satzgefüge enthält einen *dass*-Satz, dem nicht der übergeordnete Satz folgt, sondern durch Wechsel der grammatischen Konstruktion ein grammatisch vollständiger Satz mit der Satzgliedstellung eines Aussagesatzes mit Vorfeldbesetzung durch das relativisch (anaphorisch) gebrauchte Pronominaladverb *darauf* – etwa an der Stelle eines ergänzenden Teils von der Art: *interessiert niemanden*. Auch hier ist der Konstruktionswechsel motiviert durch stilistische Gründe, nämlich durch die Nähe zur gesprochenen Sprache und die damit eindringlicher wirkende Mündlichkeit. Über die komplexen Sätze hinaus finden sich bei Aphorismen schließlich Reihungen von Sätzen, d.h. komplexe Texte, die zwei oder mehr syntaktisch selbständige Sätze umfassen. Das Ungleichgewicht zugunsten der syntaktisch komplexen Aphorismen verändert sich dann, wenn man deren Teilsätze nach Sinneinheiten betrachtet und unter diesem Gesichtspunkt zusammenfasst.

(16) *Es ist schlimm, wenn zwei Eheleute einander langweilen; viel schlimmer jedoch ist es, wenn nur einer von ihnen den andern langweilt.*[7]

Von den vier Teilsätzen gehören inhaltlich je zwei zusammen, nämlich der jeweils übergeordnete mit dem untergeordneten Satz, und wir erkennen hier das bei Aphorismen anzutreffende Bauprinzip der Zweiteilung.

Wir halten fest: Das auf Sinneinheiten bezogene Prinzip der inhaltlichen Zweiteilung von Aphorismen kann sich in zwei Teilsätzen oder zwei Hauptsätzen widerspiegeln, braucht es aber nicht. Zudem schreibt Ebner-Eschenbach Aphorismen, worin die rhetorisch motivierte Dreiteilung von der genretypischen Zweiteilung überlagert wird:

(17) *Überlege einmal, bevor du gibst, zweimal, bevor du annimmst, und tausendmal, bevor du verlangst.* [8]

Handelt es sich hier nur um eine Realisierung des Dreischritts, wie er aus Märchen und Rätseln bekannt ist? Das Prinzip der gedanklichen Zweiteilung gilt auch hier, weil hier eine Struktur des Gegensatzes von ‚wenig' (*einmal, zweimal*) und ‚viel' (*tausendmal*) kognitiv zu Grunde liegt. Es erfordert, dass sich zwei Teilgedanken stilistisch geschliffen aufeinander beziehen. Daher nehmen aphoristische Formulierungen gern zweiteilige rhetorische Figuren auf wie Chiasmus, Parallelisierung und Widerspruch:

(18) *Wenn der Schlaf ein Stiefbruder des Todes ist, so ist der Tod ein Stiefbruder des Teufels.* (Georg Christoph Lichtenberg)

Durch die spiegelbildliche Anordnung der Wörter, von den Substantiven bis zum finiten Verb, werden die beiden Teilsätze aufeinander bezogen, weiter auch durch die parallele Konstruktion von zwei syntaktisch einfachen Sätzen mit fast den gleichen Wörtern, wobei nur *Teufel* auffällt und den für Aphorismen charakteristischen Überraschungseffekt auslöst.

Lassen sich gattungsspezifische Eigenschaften von Sprichwörtern und Aphorismen unter dem Gesichtspunkt der jeweilig bevorzugten Satzformen erkennen? Die Feststellung, dass bei den Sprichwörtern die syntaktisch einfachen die syntaktisch komplexen Instanzen dominieren und die Beobachtung an den Aphorismen Ebner-Eschenbachs, dass Aphorismen dort komplexe Sätze und Texte bevorzugen, sind eher unter den Gesichtspunkten der Entstehungsgeschichte, der Weitergabe und der jeweils bevorzugten Medien Mündlichkeit und Schriftlichkeit aufschlussreich, als dass sie für gattungsspezifische Merkmale der beiden Mikrotexttypen gelten könnten. Ihre Gattungseigenschaften werden unter dem Gesichtspunkt der Satzformen erst dann deutlicher, wenn die Regeln für die Teilsätze bei zweigliedrigen Sprichwörtern mit denen für Aphorismen kontrastiert werden – so sie denn erkennbar sind.

Satzarten

Sprichwörter: Satzarten wie Aussagesatz, Fragesatz, Aufforderungssatz, Wunschsatz und Ausrufesatz sind sprachliche Gefüge, die aus dem Zusammenwirken verschiedener syntaktischer und morphologischer Mittel entstehen, wie dem Modus des finiten Verbs, der Stellung des Verbs im Satz, der Intonation u.a.. Feste Phrasen und Sprichwörter stimmen, was bevorzugte Satzarten angeht, in der Dominanz des Aussagesatzes überein. Fragesätze kommen bei den Sprichwörtern nicht vor, öfters Aufforderungssätze, etwa als Zitate übernommen aus dem Neuen Testament:

(19) *Gib, so wird dir gegeben.*

Aphorismen: Unter Ebner-Eschenbachs Beispielen dominiert bei den syntaktisch einfachen Sätzen der Aussagesatz, vereinzelt gibt es jedoch Ausrufesätze, (20) a. und b., und auch Fragesätze als Entscheidungsfragen (20) c., eine Vielfalt, die Aphorismen von den Sprichwörtern unterscheidet.

(20) a. *Respekt vor dem Gemeinplatz! Er ist seit Jahrhunderten aufgespeicherte Weisheit.*[9]

b. *Das gibt sich, sagen schwache Eltern von den Fehlern ihrer Kinder. O nein, es gibt sich nicht, es entwickelt sich.*[10]

c. *Du wüsstest gern, was deine Bekannten von dir sagen? Höre, wie sie von Leuten sprechen, die mehr wert sind als du.*[11]

Bereits diese wenigen Beispiele deuten auf die vergleichsweise größere Offenheit der Aphorismen bei der Verwendung unterschiedlicher Satzarten hin. Bei den syntaktisch einfachen Sätzen dominiert auch bei den Aphorismen deutlich der Aussagesatz; bei den komplexen Sätzen, denen die folgenden Ausführungen gelten, werden die syntaktisch-stilistischen Unterschiede noch deutlicher.

Parallelismus

Sprichwörter: Mehrere grammatische bzw. stilistische Prinzipen bestimmen nach Lenz den Aufbau der zweigliedrigen Sprichwörter. Parallelität, Ausgewogenheit und Kontrast zwischen den beiden Gliedern, die auch „Teilsätze" genannt werden. Zu dieser „Ausgewogenheit" der Teilsätze führt der syntaktische Parallelismus. Er besteht wegen des Gleichlaufs, d. h. wegen der Übereinstimmung der syntaktischen Einheiten nach Zahl, Wortart, nach Folgeeigenschaften und nach ihren syntaktischen Beziehungen zueinander. Über die syntaktische Parallelität hinaus gibt es Parallelität in der Akzentstruktur, in der Silbenzahl, in der Lexik (wenn auch begrenzt) und auf der phonologischen Ebene, beispielsweise beim oft anzutreffenden Reim:

(21) a. *Eintracht ernährt, Zwietracht verzehrt.*

b. *Wer rastet, der rostet.*

Syntaktische Parallelität in (21) a. besteht darin, dass jeder Satz des Sprichworts auf der syntaktischen Ebene aus einem Substantiv und einem Verb besteht, die Substantive haben den gleichen Numerus und gleichen Kasus, beide stehen in der gleichen Reihenfolge N V, beide Substantive fungieren als Subjekt des Teilsatzes. Die Teilsätze in Beispiel (21) b. dagegen sind nicht gänzlich parallel. Die kataphorisch (vorausweisend) verwendete Wortform des Indefinitpronomens *wer* wird durch die anaphorisch (zurückverweisend) verwendete Wortform des Demonstrativpronomens *der* wieder aufgenommen. Von dem Unterschied der Zugehörigkeit zu verschiedenen Pronomenklassen abgesehen, stimmen die beiden Wortformen in syntaktischer Funktion (Subjektfunktion) und Wortstellung, Numerus und Kasus überein und sichern die Parallelität der Teilsätze, die wiederum in der Zahl der syntaktischen Einhei ten (= 2) und in den Folgeeigenschaften übereinstimmen. Lenz hat 1993 Parallelismus in der syntaktischen Dimension wie auch in den anderen Dimensionen der sprachlichen Mittel und Gestaltung als ein grundlegendes Verfahren der Sprichwortbildung herausgestellt.

Aphorismen: Von den 113 Beispiel-Aphorismen weisen 10 bis 14 Parallelität auf; ihre Zahl lässt sich wegen der außerordentlichen Breite der lexischen Variation nicht genauer angeben, und die Grenze zwischen einer parallelen und nichtparallelen grammatischen Konstruktionen besteht als Vagheitszone. Einigermaßen treffende Instanzen für syntaktische Parallelen sind in (22) zusammengestellt:

> **(22) a.** *Alberne Leute sagen Dummheiten, gescheite Leute machen sie.*[12]
>
> **b.** *Natur ist Wahrheit; Kunst ist die höchste Wahrheit.*[13]

Wieviel grammatische und lexische Variation ist erlaubt, damit man noch von Parallelität sprechen kann? Die vergleichsweise geringe Zahl von guten Beispielen für syntaktischen Parallelismus bei den Aphorismen erlaubt es nicht, ihn als zentrales Prinzip ihres grammatischen Baus anzusehen.

Zur Satzsemantik von Aphorismen und Sprichwörtern

Sprichwörter: Sprichwörter verallgemeinern – gewöhnlich eine Alltagserfahrung.

> **(23) a.** *Aller Anfang ist schwer.*
>
> **b.** *Lügen haben kurze Beine.*

Dass das Beginnen einer Arbeit oder einer anderen Tätigkeit schwer sein kann, ist eine alltägliche Erfahrung. Das Sprichwort verallgemeinert, indem ein jegliches Beginnen von etwas als schwer behauptet wird. Semantisch entspricht der Tendenz des Sprichworts zur Verallgemeinerung der Allsatz. (23) b. ist zu verstehen als ‚alle Lügen haben kurze Beine'. Im Allsatz wird behauptet, dass das in der Aussage enthaltene Prädikat für jeden Fall x zutrifft.

> **(24)** *Alte Liebe rostet nicht.*

wird danach verstanden als ‚Für alles, was eine alte Liebe ist, gilt, dass sie nicht rostet'. Allsätze werden in der Logik als Implikation dargestellt. Für die zweigliedrigen Sprichwörter stellt Lenz zwei satzsemantisch verschiedene Gruppen heraus. In der ersten Gruppe stehen die beiden Teilsätze in einer implikativen Beziehung zueinander, indem der erste Teilsatz eine Bedingung, der zweite eine Konsequenz ausdrückt, so in einer *wenn-dann*-Formulierung:

> **(24) a.** *mitgefangen mitgehangen*
>
> ‚Wenn jemand mitgefangen wird, wird er mitgehangen.'
>
> **b.** *ländlich sittlich*
>
> ‚Wenn etwas ländlich ist, dann ist es sittlich.'

Die Reihenfolge der Teilsätze lässt sich nicht umkehren, ohne den Sinn zu ändern. ‚Wenn jemand sittlich ist, so ist er ländlich' wird in dem Sprichwort eben nicht behauptet. Bei Sprichwörtern der zweiten Gruppe stehen die Teilsätze in einem koordinativen Verhältnis zueinander, d.h. die Folge der Teilsätze kann vertauscht werden, ohne dass sich die Bedeutung ändert. Die koordinativen

Sprichwörter sind unter den Sprichwörtern in der absoluten Minderheit.

(25) a. *Eintracht ernährt, Zwietracht verzehrt.*

Aphorismen: Der Unterschied auf der satzsemantischen Ebene ist (zumindest in unserer Beispielreihe) sehr deutlich. Während bei den meisten zweigliedrigen Sprichwörtern die Gedanken der beiden Teilsätze durch die Beziehung der Implikation, ein geringerer Teil durch Koordination verbunden sind, so treten hier vermehrt koordinative Beziehungen, implikative und zusätzliche, gänzlich andere semantische Beziehungen auf. Beispiele für koordinative Beziehungen, nicht durch eine Konjunktion signalisiert (26 a.) oder mit Konjunktion (26 b.):

(26) a. *Der Genius weist den Weg, das Talent geht ihn.*[14]

b. *Die Welt gehört denen, die sie haben wollen, und wird von jenen verschmäht, denen sie gehören sollte.*[15]

In beiden Beispielen können die Koordinationsglieder ohne Änderung der Satzbedeutung vertauscht werden. Implikationsbeziehungen zwischen den Gliedern eines Aphorismus enthalten die Beispiele in (27) bis (29), signalisiert durch die Verwendung von Pronomina wie *wer* in (27), die Konjunktion *wenn* in (28) und der korrelativen Konjunktion *je – je* in (29).

(27) *Wer in Gegenwart von Kindern spottet oder lügt, begeht ein todeswürdiges Verbrechen.*[16]

(28) *Wenn die Großmut vollkommen sein soll, muß sie eine kleine Dosis Leichtsinn*

enthalten.[17]

(29) *Je mehr du dich selbst liebst, je mehr bis du dein eigener Feind.*[18]

Implikationsverhältnis und lexische Mittel rücken Aphorismen wie in (27) bis (29) sehr nahe an Sprichwörter heran, fehlende Parallelität begrenzt diesen Effekt wieder.

Oft enthalten Aphorismen eine Einschränkung oder einen Gegensatz wie in (30) a.:

(30) *Ehen werden im Himmel geschlossen, aber dass sie gut geraten, darauf wird dort nicht gesehen.*[19]

Ein zweiter Satz spezifiziert einen Teilgedanken des ersten Satzes in (31) a. und drückt eine Identifizierung aus in (31) b.:

(31) a. *Eine gescheite Frau hat Millionen geborener Feinde – alle dummen Männer.*[20]

b. *Für das Können gibt es nur einen Beweis: das Tun.*[21]

Eher seltener findet sich die Folge Behauptung – Begründung:

(32) *Die Wortkargen imponieren immer. Man glaubt schwer, dass jemand kein anderes Geheimnis zu bewahren hat als das seiner Unbedeutendheit.*[22]

Viele Aphoristiker/innen arbeiten mit Begriffserklärungen, so auch Ebner-Eschenbach, wenn hier auch sparsam und in keiner Weise mechanistisch:

(33) *Ausnahmen sind nicht immer Bestätigung der alten Regel; sie können auch die Vorboten einer neuen Regel sein.*[23]

Die Vielfalt der semantischen Beziehungen bereits

bei diesen wenigen Beispielen erlaubt die Feststellung, dass Aphorismen mehr und andere semantische Beziehungen zwischen Sätzen enthalten als Sprichwörter und damit kognitiv komplexer sind als diese.

Auf der materialen Ebene besteht eine weitere, noch engere Beziehung zwischen Aphorismen und Sprichwörtern sowie dem gesamten phraseologischen Wortschatz des Deutschen: Aphorismen knüpfen mittels einer gern geübten Technik an Sprichwörter und Phraseologismen an und setzen durch Kommentare, Einwände, Reflexionen ihre Pointe:

(34) *Der Gescheitere gibt nach! Ein unsterbliches Wort. Es begründet die Weltherrschaft der Dummheit.*[24]

Aphoristiker aktualisieren die wörtliche Bedeutung eines phraseologischen Ausdrucks im Bewusstsein der Leser/innen. Die Kenntnis dieser Bedeutung wird (im ersten Gedanken) vorausgesetzt und geht in den zweiten Gedanken ein.

(35) *Aufs hohe Roß setzen sich meistens diejenigen, die nicht reiten können.*

(Friedel Beutlrock)[25]

Der Überraschungseffekt des Aphorismus kann dadurch gesteigert werden, dass dem Phraseologismus des ersten Glieds im zweiten Glied ein anderer entgegengesetzt wird. Dadurch entsteht ein Spiel mit zwei phraseologischen Bedeutungen und zwei wörtlichen Bedeutungen.

(37) *Was uns in den Schoß fällt, fällt sehr oft unter den Tisch.*

(Friedel Beutlrock)[26]

Aphorismen und Sprichwörter: Mehr Unterschiede als Gemeinsamkeiten

Die Betrachtung von Sprichwort und Aphorismus unter dem Gesichtspunkt der grammatischen Vollständigkeit trennt die beiden Gattungen eher, als dass sie sie miteinander verbindet. Ebner-Eschenbachs Aphorismen weisen zwar unvollständige Sätze auf, allerdings in viel geringerer Zahl als zweigliedrige Sprichwörter, und diese variieren formal so stark untereinander, dass sich Gruppenbildungen und die Formulierung von gattungsbezogenen Regeln erübrigen. Legt man das Merkmal der fehlenden oder vorhandenen syntaktischen Satzkomplexität an, so ergibt sich, dass bei den Sprichwörtern insgesamt die syntaktisch einfachen Instanzen dominieren. Diesem Befund steht bei den Aphorismen Ebner-Eschenbachs die Beobachtung gegenüber, dass Aphorismen dort komplexe Sätze und Texte bevorzugen. Diese Nichtübereinstimmung ist aber für die Ableitung gattungsspezifischer Eigenschaften nicht geeignet. Was beide Textgattungen miteinander verbindet ist, dass sie den Aussagesatz bevorzugen. Das Studium ausgewählter zweigliedriger Sprichwörter und Aphorismen auf regelhafte satz- bzw. textsemantische Beziehungen zwischen den Gliedern erlaubt bereits bei den wenigen untersuchten Beispielen Ebner-Eschenbachs die Feststellung, dass Aphorismen über koordinative und implikative Beziehungen hinaus mehr und andere semantische Beziehungen zwischen Sätzen enthalten. Dadurch scheinen die Gattungen sehr deutlich getrennt.

Als Fazit ist festzuhalten, dass Sprichwörter und Aphorismen bereits auf der syntaktischen und punktuell auf der satz- bzw. textsemantischen Ebene deutlich mehr trennende als vereinende formale und semantische Eigenschaften aufweisen. Die gesamte aphoristische Produktion eines Autors oder auch einzelne seiner aphoristischen Texte mögen zwar fallweise größere Nähe oder Ferne zu Sprichwörtern aufweisen als die anderer Autoren – an dem vorliegenden Gesamtresultat dürfte sich aber grundsätzlich wenig ändern.

Die vor allem um Forschungsbericht und Literatur erweiterte Ursprungsfassung stellt der Autor dem speziell Interessierten gern zur Verfügung. Der Autor weist darauf hin, dass aufgrund der schmalen Datengrundlage noch weitere Textuntersuchungen nötig sind.

Anmerkungen

[1] Gerhard Fieguth (Hrsg.): *Deutsche Aphorismen*. Durchgesehene und bibliographisch ergänzte Ausgabe. Stuttgart 1994, S. 153.

[2] Fieguth, S. 50.

[3] ebd., S. 140.

[4] ebd., S. 132.

[5] ebd., S. 135.

[6] ebd., S. 133.

[7] ebd., S. 138.

[8] ebd.

[9] ebd., S. 136.

[10] ebd.

[11] ebd., S. 135.

[12] ebd., S. 139.

[13] ebd., S. 132.

[14] ebd., S. 137.

[15] ebd., S. 138.

[16] ebd., S. 135.

[17] ebd.

[18] ebd., S. 132.

[19] ebd.

[20] ebd., S. 135.

[21] ebd., S. 133.

[22] ebd., S. 135.

[23] ebd.

[24] ebd., S. 132.

[25] ebd., S. 25.

[26] ebd., S. 250.

Literatur

Gerhard Fieguth (Hrsg.): *Deutsche Aphorismen*. Durchgesehene und bibliographisch ergänzte Ausgabe. Stuttgart 1994. (Darin die Texte Jean Pauls, Nietzsches, Ebner-Eschenbachs und Beutlrocks)

Dietrich Hartmann (Hrsg.): *Das geht auf keine Kuhhaut. Arbeitsfelder der Phraseologie. Akten des Westfälischen Arbeitskreises Phraseologie/Parömiologie 1996 (Bochum).* Bochum 1998. Darin der Aufsatz von Lenz (1998).

Dietrich Hartmann / Peter Schlobinski (Hrsg.): *Phraseologismen und ihre Varianten. Der Deutschunterricht* Heft 5/ 2005.

Barbara Lenz: *Hundert Sprichwörter, hundert Wahrheiten. Linguistische Analyse eines Sprichworttyps.* In: *Sprachwissenschaft* 18, 1993, S. 316-358.

Wolfgang Mieder (Hrsg.): *Antisprichwörter.* 3 Bde. Wiesbaden 1982-1989.

Gerhard Neumann (Hrsg.): *Der Aphorismus.* Darmstadt 1976. Darin die Aufsätze von Grosse und Grenzmann.

MICHAEL RUMPF

Das Gefühl, selbstbestimmt zu handeln,
haben viele genau dann, wenn sie nichts tun.

Metaphern schützen die Gedanken
vor der ihnen innewohnenden Ideologie.

Eltern, die ihren Kindern keine Hoffnung mitgeben,
müssen ihnen alle Wünsche erfüllen.

EVA SCHWARZ

Einsichtigkeit setzt oft Aussichtslosigkeit voraus.

Ideen mit Ecken und Kanten ziehen die weitesten Kreise.

Den Verlust kann einem niemand mehr nehmen.

HOLGER UWE SEITZ

Ein König kann niemals Bauernopfer werden.

Nicht jede Erinnerung verblasst, manche errötet.

Mancher Weg ist so tief ausgetreten, dass niemand ihn verlassen kann.

Aphoristisches in der Werbesprache

BEAMERPRÄSENTATION von Frank Dopheide (Grey Worldwide Germany, Düsseldorf)

Zusammengefasst von JÜRGEN WILBERT

Was hat die Aphoristik mit der Werbung zu tun – und umgekehrt? Eine für Aphoristiker/innen und Aphorismenfreunde spannende Frage, zumal in einer Zeit, in der die Werbestrategen das Feld der schlagkräftigen und kurzen, ja kürzesten Sprüche längst (gewinnbringend) besetzt haben. Beispiele gefällig? „Alle reden vom Wetter. Wir nicht." / „Für Ihr gesundes Sitzen stehen wir gerade." / „Die klügere Zahnbürste gibt nach." / „Sind sie zu stark, bist du zu schwach." / „Der Letzte, für den es gut war, zur falschen Zeit am falschen Ort zu sein, war Columbus."

Frank Dopheide, Chairman der international renommierten Düsseldorfer Werbeagentur Grey aus Düsseldorf, machte gleich zu Beginn seines unterhaltsamen, mit vielen Werbeslogans angereicherten Vortrags deutlich, dass er bei seiner Recherche in der Welt der Werbesprüche keine (echten) Aphorismen gefunden habe. Und das aus einem ganz einfachen Grunde: „Aphorismen sind von Geburt an lakonisch, ironisch, geistvoll und spitz. Werbung nicht! Sie ist breit, allgemeingültig und massenkompatibel." An diversen Beispielen, die in der Werbung Geschichte gemacht haben (u.a. das „HB-Männchen" und Boris Beckers Werbespot „Bin schon drin"), erläuterte er anschaulich, dass die „40-Milliarden-Euro-Werbewelt" nach gänzlich anderen Regeln funktioniert als das aphoristische Schreiben. Als neue Ausgangsfrage formulierte er: Was können Aphoristiker von starken Werbesprüchen lernen?

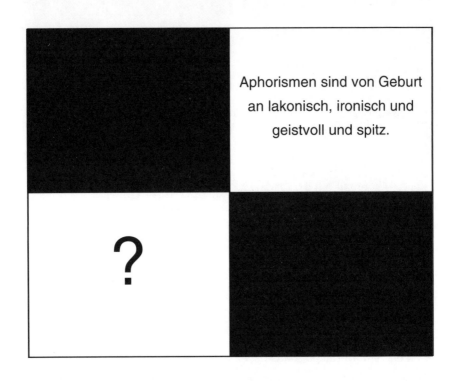

Aphorismen sind von Geburt an lakonisch, ironisch und geistvoll und spitz.

?

Werbung nicht.

allgemeingültig

Werbung ist breit,

und massenkompatibel.

Worte verändern die Welt.

Ich bin ein Berliner.

Jetzt wächst zusammen, was zusammen gehört.

Die Achse des Bösen.

Einer für alle.
Alle für einen.

1. Starke Sprüche sind mutig. Sie brechen Regeln (z.B.: „Deutschlands meiste Kreditkarte."). Sie wechseln die Perspektive (z.B. „Wir behandeln Kunden wie langjährige Kunden. Auch wenn sie erst 10 Jahre bei uns sind."). Sie verfremden Bekanntes (z.B. „Eine winzige Nachtmusik.").

2. Starke Sprüche malen Bilder (z.B. „Kinder und Betrunkene sagen die Wahrheit. Aber die liegen nicht morgens auf Ihrem Schreibtisch." Financial Times).

3. Starke Sprüche gehen unter die Haut (z.B. „Diese Uhr läuft so lange wie Sie. Plus sieben Tage." Oder: „Vorgestern wurde zehn Meter von hier ein Kind von sieben Leuten krankenhausreif geschlagen. Sechs davon starrten dabei auf diese Wand." Polizei Hamburg).

4. Starke Sprüche sind unsterblich (z.B. „Wir sind Papst." Oder „Einer für alle. Alle für einen.").

5. Starke Sprüche machen kein Wort zuviel (z.B. „Allllrad" VW oder „Unkaputtbar" für die PET-Flasche).

Ans Ende seiner kurzweiligen Ausführungen stellte der Referent Woody Allens Ausspruch: „*Die Ewigkeit dauert lange, besonders gegen Ende.*"

Dopheides Thesen wurden anschließend im Plenum sehr lebhaft und in Teilen kontrovers diskutiert. Im Zentrum des Interesses stand die prinzipiell unterschiedliche programmatische Ausrichtung von Werbesprache und Aphorismen, angesiedelt zwischen den Polen Auftragsgebundenheit und Freiheit. Während die Werbung gesellschaftliche und wirtschaftliche Interessen bedient, sind Aphorismen im engeren Sinne einer innovativ-gesellschaftkritischen Haltung verpflichtet. Immerhin wurden in den Diskussionsbeiträgen mehr Gemeinsamkeiten in der Verwendung sprachlich-stilistischer Ausdrucksmittel bei beiden Textsorten heraus gearbeitet, als Frank Dopheide nach seiner ersten Recherche in der Welt der Werbesprüche gefunden hatte.

Für den Aphorismus wie für einen guten Werbespruch gilt nach Martin Kessel:

„*(Er) trifft ins Zentrum
und strahlt von dort aus.*"

ROLF STOLZ

Auch der zu kurze Sprung landet.

Was uns folgen wird: unser Schatten.

Der einzige Ausweg aus der Einheit ist der Zweifel.

OLIVER TIETZE

Das Thema der globalen Erwärmung lässt sich nicht mehr auf Eis legen.

Manche tragen Stress wie Strass.

Einige halten geschliffene Formulierungen für so wertvoll,
dass sie diese kaum gebrauchen.

ANSELM VOGT

Der Visionär verlor seine Anhänger an die Television.

Der Pragmatiker übernahm die Verantwortung,
indem er sie an die Sachzwänge delegierte.

Fortschritt?
Früher hatten die Menschen keine Wahl,
heute entscheiden sie wahllos.

CHRISTIAN URI WEBER

Er würde sich manchen Traum erfüllen,
wenn er nicht Angst vorm Erwachen hätte.

Ich kenne keine Partei, die ihre rechte Hand ins Feuer legen kann –
für ihre Linke.

In der Politik muss alles wie Strategie aussehen –
vor allem die Ratlosigkeit.

HANS-ARMIN WEIRICH

Mit der Eheschließung erwirbt man einen Bauplatz, kein Fertighaus.

Bei Jubiläen und Verabschiedungen werden Narben verklebt.

Am Anfang aller Verirrungen stand und steht die Verwirrung der Begriffe.

NORMAN WOJAK

Als Vorbild gilt heutzutage, wer Maßstäbe für andere
und sich darüber hinweg setzt.

Bunt blühen die guten Vorsätze auf dem Misthaufen früherer Versäumnisse.

Er kratzte an den schlechten Kunstwerken bis auf den Grund
und fand glänzende Absichten.

AphoRAPoetische Worte

MAXIMILIAN BILITZA

Herzlich Willkommen
Ihr Ungläubigen und Frommen

Habt meinen Ruf vernommen

tretet an und schließt die Reihen

Wer will der erste mit Erkenntnis sein?

Allen gebe ich zu bedenken

Dass alles was sie jetzt hören

Sowohl frei gesagt

Wie frei erfunden sein kann

Es lebt der Mensch solang er irrt

Es irrt der Mensch solang er lebt

In der Erkenntnis erkannt zu haben

Nur der Erkennende lebt

Hin und her gerissen

Zwischen Wortspiel und Erkenntnis

Hin und her gerissen

Zwischen dem Drang zu erkennen

Und der Verzweiflung erkannt zu haben

Bleiben wir bei unserem Hoffen

Der Stachel bleibt bei seinem Brennen

Es soll nichts zur **Erkenntnis** werden

Was einen nicht erbarmungslos quält

Das heißt: **Die Wahrheit** kann nur

Leidenschaftlich errungen werden

Plausibilitäten zerschnüren den Verstand

Das Erkennenswerte wird daran erkannt

Dass es nicht erkannt werden kann

Die Erkenntnis gründet auf klugen Ahnungen

Nicht auf unumstößlichen Gewissheiten

Die Welt zu durchschauen war zu einfach geworden

Er begann mit dem Versuch

Seine Erklärungen der Welt zu durchschauen

Und kam ins Staunen

Erkenntnis die mir zum Schicksal wird ist unwiderlegbar

In allen Dingen schlummert ein Lied
Die Wahrheit kannst du nur singen
Ein reines Gefühl wär schon ein klarer Gedanke
Wenn Gedanken ganz unter sich sind
Beginnen sie zu träumen

Zwischen **Wortspiel** und **Erkenntnis**
Bemühten sie sich immer weniger zu wissen
Und mussten eine Menge dazu lernen
Das Problem des Entdeckens
Liegt im Entdecken des Problems
Kannst du ein Problem nicht lösen
Löse dich von dem Problem

Es ist der Übelstand des Erkennens
Dass letzte Folgerungen ins Absurde führen
Die wahrsten Wahrheiten
Sind die welche man erfinden kann

Wir alle befinden uns im Irrtum
Neue Irrtümer zu erfinden
Aber lasst uns den Mut
Zu unseren Irrtümern bewahren **meine Freunde**
Vielleicht sind unsere ersten Irrtümer
Immer noch weit fruchtbarer
Als unsere letzten Wahrheiten

In allen Dingen schlummert ein Lied
Die Wahrheit kannst du nur singen
Ein reines Gefühl
wär schon ein klarer Gedanke
Wenn Gedanken ganz unter sich sind
Beginnen sie zu träumen

(… Lasst sie durch ganz Hattingen erklingen!)

Ich sprach Gewand wie ein Spruchband
Im Land der Ideen schüttele ich **Hattingen** die Hand
Im maßgeschneiderten Sprachgewand
Hattingen hat was andere Städte gerne hätten
Aphoristiker als Touristen!

Der Geiger gleicht dem Streichholz
Und kann gleichfalls viel anrichten
In der Tragödie Gottes
spielt der Mensch
die Komödie seines Lebens

Meinen Worten folgen Taten
Es ist unglaublich welche Gewalt Worte haben
Ein Wort kann die Welt verändern
Worte erhalten oder stürzen Nationen
Eines Königsschwertarm ist seine Zunge

Leider spielt er nur **wenn er frei ist**
Der Mensch ist nur frei wenn er spielt
Darum sage dir dies wo immer du seiest
Kann alles was um dich herum vorgeht
auch gespielt sein

Ich vertraue auf uralte Techniken
Die Sprache ist mächtiger als die Faust von Kräftigen
Doch halte ich das Schwert parat falls der Stift versagt

Man spielt mit Gedanken
damit sie sich nicht ineinander fügen
Über das Wortspiel
Ins noch nicht Ausgesprochene
Gibt Sprachkürze **Denkweite**

Was ist **die Gewalt des Wortes** gegen ein Machtwort?
Was ist die **Macht des Wortes** gegen ein Schlagwort?
Was ist ein Schlagring gegen ein Machtwort?

Gebe ich offen zu bekennen
Ich bin kein Freund vieler Worte
Zu viele Worte kleiden hässliche Absichten
In schöne Gewänder

Worte schlagen besser als Waffen

Sei ein Meister im Reden um zu siegen

Sei ein **Meister im Schweigen** um zu lieben

Zu viele Worte sind der Gedanken Tod

Worte sind Worte sind Worte! Nur Worte?

Nimm kein Wort weg und füge kein Wort hinzu

Und setzte auch keines an die Stelle eines anderen

Jedes Wort hat seinen Platz

und jeder Wind seine Richtung

Du hast immer Zeit ein Wort nachzuschicken

Niemals aber eines zurückzurufen

Worte sind Pfeile

Einmal von der Seele geschnellt

Holst du sie nie wieder ein

Trotzdem wiegt das Wort **gleich dem Stein**

Wo Worte selten haben sie Gewicht

An glatten Worten

brach sich schon so manch einer sein Genick

Worte sind Worte sind Worte!

Nur Worte?

Anmerkung

Der aphoRAPoetischen Performance liegen die Aphorismen u.a. von

Benyoëtz, Canetti und Kudszus zugrunde, wie sie in der Textsammlung

„Zwischen Wortspiel und Erkenntnis" von Friedemann Spicker zusam-

mengestellt wurden.

Bericht über das 2. bundesweite Aphoristikertreffen

vom 2. bis 4. November 2006 im Stadtmuseum Hattingen

FRIEDEMANN SPICKER

Das 2. Aphoristikertreffen in Hattingen unter dem Titel *„Der Aphorismus zwischen Wortspiel und Erkenntnis„* **war offensichtlich so verlockend, dass die Liste der Anmeldungen aus Deutschland, Österreich, der Schweiz, aus Frankreich und Belgien bei der Zahl 40 aufgrund der Raumkapazität geschlossen werden musste.**

Die Museumsleiterin und Mitorganisatorin **Petra Kamburg** hieß die Teilnehmer/innen am Donnerstagabend willkommen. Danach sprachen die Bürgermeisterin **Dr. Dagmar Goch** und der Landrat des Ennepe-Ruhr-Kreises **Dr. Armin Brux** Begrüßungsworte, in denen sie ihre Unterstützung des Treffens wie des Archivs zum Ausdruck brachten. Der Initiator der Aphoristikertreffen, **Dr. Jürgen Wilbert**, Leiter des Fachbereichs Weiterbildung und Kultur, gab dann einen Überblick über das Tagungsprogramm. Dr. Friedemann Spicker trug ein Grußwort von **Elazar Benyoëtz** vor, der am 6. Mai 2007 aus Anlass seines 70. Geburtstages mit einer Matinee und einer Festgabe in Hattingen geehrt werden wird. Er überraschte die Gäste mit einer zur Tagung erstellten kleinen Textsammlung in einer nummerierten Sonderausgabe. **Roger Willemsen**s brillanter Abendvortrag ließ sich vor ausverkauftem Haus zur großen Freude der Veranstalter speziell auf das Genre des Aphorismus im Ganzen ein, eine vergnügliche Anstrengung und Hommage an die Literatur schlechthin.

Der Freitagmorgen stand im Zeichen zweier konträr angelegter Referate. **Dr. Michael Rumpf**s Vortrag zu *„Aphorismus und Erkenntnis"* lief in sieben Thesen aus, die den Aphorismus durch seine Allgemeingültigkeit, das Vermeiden von Relativierungen, die Sentenzenhaftigkeit und die aufklärerische Intention als die erkenntnisnächste Literaturform erweisen sollten, im dreifachen Sinne: als Erlösung vom Irrtum,

Erlösung von der Trivialität, Erlösung von der wortreichen Leere, dem Geschwätz. **Prof. Dr. Gerhard Uhlenbruck** ging in seinem temperamentvollen und überwiegend frei extemporierten Vortrag die Frage *„Zu welchen Erkenntnissen können Aphorismen führen?"* primär von der medizinischen Seite her an. Er interpretierte Erkenntnis primär als Abwehr, stellte die Leistung des faktischen und des episodischen Gedächtnisses einander gegenüber und attestierte dem Aphorismus, dass er geeignet sei, durch seinen Erlebnis- und Event-Charakter und das (Zu-)Treffende ins episodische Gedächtnis zu gelangen. Die ertragreiche Diskussion am Vormittag bewegte sich an Themen wie Diagnostik, Bilddenken, Wirklichkeit, System, Spiel, Reibung entlang.

Nach 11 Uhr fuhren 15 Aphoristiker/innen in sieben weiterführende Schulen des EN-Kreises, nach Hattingen, Witten, Hasslinghausen, um den Schüler/innen dort ihre Gattung vorzustellen und mit ihnen darüber zu sprechen.

Am Nachmittag unternahm **Prof. Dr. Dietrich Hartmann** in seinem Vortrag *„Der Aphorismus zwischen Redewendung und Sprichwort"* einen Vergleich der sprachlichen Form von Redewendungen, Sprichwörtern und Aphorismen. Er zeigte in einem Ansatz, der auf empirisch breiterer Basis noch gestützt werden müsste, dass Aphorismen mit Redewendungen nur wenige, mit Sprichwörtern jedoch mehr grammatische Eigenschaften teilen. **Frank Dopheide**, Chairman der Düsseldorfer Agentur Grey Worldwide Germany, der – lebendig und anschaulich in einem Beamervortrag – über *„Aphoristisches in der Werbesprache"* referierte, ging nach einer Internet-Recherche davon aus, dass Werbung und Aphorismus nichts gemein haben. Seine weiteren Thesen belegten dann aber doch viel Gemeinsames. Die lebhafte Diskussion erörterte anhand der einzelnen Thesen Unterschiede und Gemeinsamkeiten in Teilaspekten (kontrollierter Regelbruch, Freiheit und Auftragsgebundenheit, Wahrheit und Authentizität) auch recht kontrovers.

Die Eröffnung des Deutschen Aphorismus-Archivs am späten Nachmittag führte die Gäste in einem Dreischritt quer durch das Museum. Im Seminarraum überreichte **Reinhard Krella** von der Deutschen Bank (Geschäftsleitung Region Ruhrgebiet-Ost) Dr. Jürgen Wilbert den Pokal, den das Treffen als ein Ort im „Land der Ideen" gewonnen hat. Im Atelier hielt Dr. Friedemann Spicker als der ehrenamtliche Leiter des Archivs die Eröffnungs- und Dankrede. Danach führte eine Power-Point-Präsentation, die er gemeinsam mit der Museumsleiterin Petra Kamburg erläuterte, den Gästen die Intention des Archivs vor. Schließlich konnten sie sich im Bibliotheksraum an Ort und Stelle über den Stand der Arbeiten überzeugen.

Der Freitagabend bildete zweifellos den Höhepunkt der gesamten Tagung. **Wendelin Haverkamp und das Engstfeld/Weiss-Quartett** boten Jazz und Kabarett vom Feinsten, hie und da mit aphoristischen Appetithäppchen garniert. Erst recht ins Staunen kamen die Tagungsteilnehmenden bei dem anschließenden „Wort- und Lichtspektakel", einer Aufführung auf dem schönen, kleinen Marktplatz Blankensteins. Ein „Geigenfänger" geleitete sie aus dem Veranstaltungsraum vor die breite Front des Stadtmuseums, die mit Feuerschein und Funkenflug aus Feuertöpfen geheimnisvoll erleuchtet war. Dort erlebten sie Feuerakrobatik, einen von **Max Bilitza** eigens entwickelten „Apho-Rap" und ein aphoristisches „Wort-Licht-Spiel" von **Thomas Rath**: Einzelne Sentenzen aus der Textsammlung erschienen, von einem lichtstarken Beamer wunderbar auf die Stadtmuseumsfassade geworfen, so flüchtig wie eindrucksvoll; die Buchstaben, Silben und Worte tanzten phantasievoll und farbig, ehe sie kurz zu einem Satz der Erkenntnis erstarrten, der auch für die Kenner in diesem magischen Moment neu zu begreifen war.

Am Samstagmorgen entwickelte **Dr. Friedemann Spicker** unter dem Titelzitat „*Was gültig ist, muss nicht endgültig sein*" ein kritisches Porträt der Bochumer Aphoristikerin und Lyrikerin Liselotte Rauner, die mit „Gesinnungsaphoristik" in der Folge der 68er Jahre hervorgetreten ist. Er ging der Frage nach, was von dieser Aphoristik der Empörung zeitgebunden ist und was bleiben mag, und kam zu dem Schluss, dass es vornehmlich einzelne aphoristisch-epigrammatische Texte sind, die die Gattungsgesetze davor bewahrt haben, allzu direkt und auf den Augenblick bezogen zu sein. In den Vortrag eingebunden war notwendig ein Kapitel über ihren Mentor **Hugo Ernst Käufer**, einen der Protagonisten der damaligen Arbeiterliteratur und Mitbegründer der Gruppe 61. Der Autor las nach einem „*Versuch über den Aphorismus*", der diesen in sieben Schritten als einen Spot von scheinbarer Leichtigkeit und Widerspruchsgeist beleuchtete, eigene Aphorismen aus seinem jüngsten Band „*Ein Mann ohne Frau ist wie ein Vogel ohne Brille*". Im Anschluss daran erörterte er im Gespräch mit Spicker Stellenwert und Funktion des Aphorismus in den 70er Jahren im Ruhrgebiet. Damals galt: „Schreiben = Aktion"; der Weg von dieser Gebrauchsaphoristik zum politischen Graffito und zum kämpferischen Slogan war kurz.

Mit den Vorträgen von **Dr. Hanspeter Rings** („*Gattung und Autor: Einsichten in ihr Zusammenspiel oder Dionysos und Apoll in der Kleinform des Aphorismus*") und **Dr. Anselm Vogt** („*Gattung und Autor: Einsichten in ihr Zusammenspiel*") schloss die Tagung an das Auftakt-Doppel an, was die genauere Nähe zu ihrem Thema wie die kontrastive Präsentation betraf. Hanspeter Rings zog, ausgehend von dem Nietzsche'schen Gegensatzpaar von Dionysischem und Apollinischem, einen weiten Bogen durch die Philosophie- und Wissenschaftsgeschichte von Pascal bis Einstein und in die moderne Hirnforschung hinein. Vogts Vortrag war einerseits ähnlich „dionysisch" überbordend wie der Uhlenbrucks am Vortag (und damit höchst unterhaltsam), andererseits kam er in „apollinischer" Strenge doch immer wieder in These und Antithese auf Offenheit und Disziplinlosigkeit als Pole der Gattung zurück.

Im Anhang der Tagung – gewissermaßen auf Wunsch einiger Aphoristiker noch kurzfristig in das Programm aufgenommen – referierte am Nachmittag die Rechtsanwältin **Gabriele Becker-Uthmann** zu Urheberrechtsfragen. Nachdem sie Werke im Sinne des Urheberrechts als persönliche geistige Schöpfungen definiert hatte, erörterte sie die Voraussetzungen einer solchen geistigen Schöpfung: Neuheit und Eigentümlichkeit. Im Zentrum Ihrer Darlegungen stand dabei der juristisch bedeutsame Begriff der „Gestaltungshöhe". Der Urheberrechtsschutz entsteht mit dem Werk, er ist kein formaler Akt.[1]

Der Ausklang fand am anderen Ort statt. In der Städtischen Galerie im Alten Rathaus im Zentrum Hattingens wurde die Doppelausstellung **Hans-Joachim Uthke** und **Holger Schmidt** eröffnet. Der aphoristische Kontext ist bei den auf ihren Kern reduzierten Skulpturen Schmidts kaum weniger gegeben als bei Uthkes Zeichnungen und Radierungen zu ausgewählten Aphorismen von Lichtenberg bis Benyoëtz.

Die Resonanz in Presse, Rundfunk und Fernsehen war höchst erfreulich. Eine Abschlussbewertung sollte man tunlichst anderen überlassen. Die Frankfurter Allgemeine schrieb: *„Funkelnder und nachdrücklicher hätte sich Hattingen als ‚Heimstadt des Aphorismus' nicht auf der literarischen Landkarte eintragen können."*

[1] Kostenfreie Informationen zu Urheberschutz, Verlagsvertrag etc. erhalten Sie beim Bund Deutscher Schriftsteller (BDS), Römerstraße 2, 63128 Dretzenbach, Tel. 06074 - 47566

Das Deutsche Aphorismus-Archiv
(DAphA)

im Stadtmuseum Hattingen (an der Ruhr)

Nach dem 1. bundesweiten Aphoristikertreffen im November 2004 hatten es sich der Initiator Dr. Jürgen Wilbert, die Museumsleiterin Petra Kamburg und der Aphorismusforscher Dr. Friedemann Spicker zur Aufgabe gemacht, die Gründung eines deutschen Aphorismus-Archivs zu betreiben.

Entscheidende organisatorische Schritte waren die Gründung des Fördervereins für das Deutsche Aphorismus-Archiv (DAphA) am 29.9.2005, der Ratsbeschluss der Stadt Hattingen vom 23.10.2005, der der Einrichtung zustimmt und einen Teil der Geschäftskosten übernimmt, sowie die Einrichtung einer privaten „Angelika und Friedemann Spicker-Stiftung", rechtskräftig mit Beschluss der Bezirksregierung vom 22.9.2005. Die Stiftung kauft u.a. Bücher an und stellt über den Förderverein Mittel für die Ziele des Archivs bereit. Das Stadtmuseum Hattingen ist Sitz des DAphA und stellt einen Teil seines Bibliotheksraums zur Verfügung.

Im Rahmen des 2. Aphoristikertreffens konnte das Archiv am 3. November 2006 offiziell eröffnet werden. In seiner Eröffnungsrede sprach Friedemann Spicker, der es ehrenamtlich leitet, mehrfachen Dank aus: neben den verschiedenen Mitinitiatoren und Helfern auch besonders der Stadt Hattingen. Er äußerte die Gewissheit, dass das Archiv der „Heimstadt des Aphorismus" ihre Unterstützung immateriell und an Imagegewinn werde zurückerstatten können, und zeigte am Beispiel von Hans Kudszus' Aphorismus „Erleben gibt Fülle, Verzicht Profil" kurz, exemplarisch und sehr persönlich, warum dieses Archiv für wert und wichtig gehalten werden darf.

Aufgabe des *Deutschen Aphorismus-Archivs,* laut § 2 der Satzung, ist es, den Aphorismus, vorzugsweise den deutschsprachigen, und seine Nachbargattungen zu sammeln und zu erforschen.

Es besteht aus
• der Bibliothek
• dem Archiv
• dem Internet-Archiv.

Die Bibliothek sammelt Originalbände, Gesamtausgaben mit aphoristischem Anteil, gebundene Kopien von nicht erhältlichen Exemplaren. Das Archiv sammelt alles gedruckte und ungedruckte Material, das mit dem Aphorismus und seinen Nachbargattungen in Verbindung gebracht werden kann. Eine Website wurde unter **www.Deutsches-Aphorismus-Archiv.de**, oder auch **www.dapha.de** eingerichtet, eine Klassifikation für die Bibliothek erstellt, eine Benutzungsordnung entworfen. Bisher sind ca. 1.100 Titel inventarisiert, zunächst fast ausschließlich aus Spickers langjähriger Sammlung, ergänzt durch einzelne Schenkungen, dann auch aus Mitteln der Stiftung. Darüber hinaus ist die unselbständige Literatur in circa 50 Ordnern erfasst. Im Archiv sind bisher einige ungedruckte Texte und Textsammlungen, dazu Rezensionen und Briefe zu Arndt, Benyoëtz, Czernin, Günther, Margolius und anderen versammelt. Die Datenbank ist im Aufbau; in Kürze wird sie – mit Passwort – auch online zu nutzen sein.

Kontakte bestehen zu den Germanistischen Seminaren der Universitäten Bochum und Wuppertal, zu den zuständigen Kultur- und Archiv-Behörden, zu vergleichbaren Stiftungen und Archiven.

Verzeichnis der Teilnehmerinnen und Teilnehmer am 2. bundesweiten Aphoristikertreffen

Eva Anabelle Blume, Bochum, eva.blume@ruhr-uni-bochum.de
Charlotte Böhler-Müller, Grenzach, chbm24@t-online.de
Ingmar Brantsch, Köln
Claudia Brefeld, Bochum, claudia.brefeld@ruhr-uni-bochum.de
Alexander Eilers, Gießen, alexander.eilers@gmx.de
Katharina Eisenlöffel, Tulln (Österreich)
Horst Ernestus, Wuppertal, horst@ernestus.de
Ursula Ernestus, Wuppertal, horst@ernestus.de
Arthur Feldmann, Paris (Frankreich)
Tobias Grüterich, Bonn, info@aphorismania.de
Peter Hohl, Ingelheim, peter.hohl@t-online.de
Barbara Hoth-Blattmann, Sprockhövel, barbara.hoth-blattmann@gmx.de
Klaus Huber, Achern, klausvomdachsbuckel@t-online.de
Klaus Hübner, Göttingen, huebner48@gmx.de
Günther Ischebeck, Wuppertal, g-u-k.ischebeck@web.de
Karin Ischebeck, Wuppertal, g-u-k.ischebeck@web.de
Karin Janke, Altenkrempe, gansnormal@aol.com
Prof. Dr. Michael Jung, Lotte-Halen
Reiner Klüting, Bochum
Dr. Ingrid Krümmel-Seltier, Montzen (Belgien), w.seltier@belgacom.net
Martin Liechti, Zürich (Schweiz)
Edith Linvers, Recklinghausen, elinvers@freenet.de
Christa Moll, Wesel, christa@zitante.de
Hans Joachim Naumann, Düsseldorf, hajo_naumann@yahoo.de
Helmut Peters, Herten, hepereck@web.de
Rolf Potthoff, Hattingen
Felix Renner, Zug (Schweiz)
Dr. Michael Richter, Struppen, m.richter.struppen@t-online.de
Dr. Fritz P. Rinnhofer, Graz (Österreich)
Dr. Michael Rumpf, Grünstadt
Eva Schwarz, Offenburg, eva.christina.schwarz@web.de
Holger Uwe Seitz, Wallertheim
Werner Seltier, Montzen (Belgien), w.seltier@belgacom.net
Rolf Stolz, Neunkirchen, rolf.stolz@web.de
Toralf Tepelmann, Grevesmühlen
Dr. Oliver Tietze, Berlin, sprachkunst@gmx.de
Dr. Anselm Vogt, Bochum, anselmvogt@arcor.de
Christian Weber, Radebeul
Prof. Dr. Hans-Armin Weirich, Ingelheim
Norman Wojak, Bochum, norman.k.wojak@rub.de

Verzeichnis der Autorinnen und Autoren

Verzeichnis und Biographisches zu den Illustratoren

Frank Dopheide, Düsseldorf
Geschäftsführer Grey Worldwide Germany
www.grey.de

Prof. Dr. Dietrich Hartmann, Bochum
em. Prof. für german. Linguistik, RUB
dietrich.hartmann@rub.de

Petra Kamburg, Hattingen
Leiterin des Stadtmuseums Hattingen, Historikerin
p.kamburg@hattingen.de

Hugo Ernst Käufer, Bochum
Schriftsteller

Dr. Hanspeter Rings, Mannheim
Mitarbeiter des Stadtarchivs Mannheim,
Philosoph und Aphoristiker
hanspeter.rings@mannheim.de

Dr. Michael Rumpf, Grünstadt
Pädagoge, Essayist und Aphoristiker

Dr. Friedemann Spicker, Königswinter
Aphorismenforscher und Autor, Leiter des Deutschen
Aphorismus-Archivs (DAphA) in Hattingen
AFSpicker@t-online.de

Prof. Dr. Gerhard Uhlenbruck, Köln
em. Direktor des Instituts für Immunbiologie der
Universität Köln
gerhard.uhlenbruck@medizin.uni-koeln.de

Dr. Anselm Vogt, Bochum
Pädagoge, Philosoph und Aphoristiker
anselmvogt@arcor.de

Dr. Jürgen Wilbert, Düsseldorf
Leiter des Fachbereichs Weiterbildung und Kultur
der Stadt Hattingen,
Andragoge und Aphoristiker
juergen.wilbert@web.de

Michael Görler, Hattingen
Jahrgang 1954, studierte an der Staatlichen Kunstakademie Düsseldorf. Nach fünfjähriger Kunsterziehung am Gymnasium Waldstraße in Hattingen absolvierte er eine Möbelschreinerlehre in Bochum. Seit 1983 ist er hauptberuflich als Bildender Künstler in Hattingen tätig. Michael Görler arbeitet seit 1993 als Karikaturist für die WAZ und die WR. Er gehörte zu den Preisträgern des Karikaturenwettbewerbs, der im Rahmen des 1. Aphoristikertreffens in Hattingen im Stadtmuseum ausgeschrieben war. Mit den Großprojekten seiner Malereiklasse fand Michael Görler bis in die Bundeshauptstadt Anerkennung. 2003 gründete er die Bildhauereiklasse der Hattinger Volkshochschule.

Joachim Klinger, Solingen
1932 in Dortmund geboren, studierte Rechtswissenschaften und wurde zum Dr. jur.. Seine Passion aber war und ist Zeichnen und Verse schmieden.

Joachim Klinger war 30 Jahre lang im Kultusministerium des Landes Nordrhein-Westfalen tätig, davon 20 Jahre im Kulturbereich mit dem Schwerpunkt Filmförderung. Neben zahlreichen Ausstellungen von Aquarellen, Gouachen, Zeichnungen, Karikaturen hat er auch Buchillustrationen und Textveröffentlichungen im Grupello-Verlag (Düsseldorf) – so im Jahr 2004 „Morgensterns Kater, Ringelnatzens Pinguin" – veröffentlicht.

Verzeichnis und Biographisches zu den Illustratoren

Hans-Joachim Uthke, Hilden

hat sein Studium an der Famous Artists' School bei Ben Nicholson absolviert, er hat Zeichnen bei Klaus Spitzer (Düsseldorf), Radierung bei Jan Boomers (Solingen) und Lithographie bei Vladimir Suchanek (Prag) gelernt.

Uthke war Gastkünstler in verschiedenen Künstlerkolonien, erhielt verschiedene Ehrungen und Preise für sein künstlerisches Engagement. Neben seiner Lehrtätigkeit im In- und Ausland hat er auch Workshops für Jugendliche durchgeführt.

Der Künstler hat in rund 150 Gemeinschaftsausstellungen mitgewirkt und in 120 Einzelausstellungen seine Arbeiten im In- und Ausland präsentiert, so u.a. in England, Italien, Polen, Tschechien, Slowenien, den USA und Japan. Seine Arbeiten befinden sich im privaten und öffentlichen Besitz und in verschiedenen Museen, so z.B. in der Sammlung „Mensch und Tod" der Heine-Universität, Düsseldorf. Den Zyklus „Zeit" kaufte die Stadt Hilden.   (uthke.kunst@t-online.de)

Zygmunt Januszewski, Warschau (Polen)

wurde 1956 in Warschau geboren. 1976-81 Studium an der Warschauer Akademie der Schönen Künste. Sein Werk umfasst Zeichnungen, Illustrationen, Graphik, Plakatkunst, Buchillustration, Installationen und Gedichte. Ab 1982 zeigte er seine Arbeiten in über 100 Einzelausstellungen, u.a. 1989 „Ein Narr zeigt Flagge", Wilhelm-Busch-Museum/Hannover 1989; 2005 „Haus im Haus", Synagoge Oerlinghausen; 2006 „Er-scheinungen", Galerie Seywald/Salzburg und 2007 „Meine Striche", Galerie der Zeichner München.

Zu seinen Preisen und Auszeichnungen zählen u.a. 1987 das Kaiserring-Stipendium/Goslar, 1990 „Die schönsten deutschen Bücher", Stiftung Buchkunst/Frankfurt am Main, 1996 „Europe Printer of the Year", Edinburgh und der Victoria and Albert Museum London Illustration Award im Jahr 2003, sowie der Olaf-Gulbransson Preis/Tegernsee und der Society of Publication Design/ New York. 2007 folgte der Preis des 8. Internationalen Festival der Buchkunst ZEIT, Lodz, Polen für „Versgraphik". (www.prolibris.pl)

In 2005 illustrierte er die Jubiläumsausgabe der Neuen Zürcher Zeitung. Werke des Künstlers befinden sich u.a. im: Nationalmuseum Warschau, im Wilhelm-Busch-Museum/Hannover, in der Sammlung Karikaturen & Cartoons/Basel, im Kleinen Plakatmuseum/Bayreuth, sowie in der Sammlung der Stadt Salzburg und im Victoria & Albert Museum, London.

Zygmunt Januszewski leitete 2000 und 2002 die Illustrationsklasse an der Internationalen Sommerakademie für Bildende Kunst in Salzburg; seit 2002 leitet er die Illustrationsklasse an der Akademie der Schönen Künste in Warschau. Er lebt und arbeitet in Warschau. (zygmunt.januszewski@asp.waw.pl)

„Nicht zur Vergangenheit, sondern zur Zukunft sind die Erinnerung der Schlüssel."

Wechselausstellung

Malerei

Skulptur

Kulturgeschichte

Fotografie

Installation

Grafik

Dauerausstellung

Stadtgeschichte

Objektkammern

Themenbücher

Stadt **Museum**

Café

Geschichte

Kunst

Kultur

Stadt : **Museum**
Hattingen

Marktplatz 1-3
45527 Hattingen-Blankenstein
T 0 23 24 - 6 81 61-0
F 0 23 24 - 6 81 61-29

e-mail: stadtmuseum@hattingen.de
www.stadtmuseum.hattingen.de
Öffnungszeiten
Di-Mi / Fr-So 11-18 Uhr, Do 15-20 Uhr

© UKStr-Design 0234 375 888-9

dkm spiel 2007

IMPRESSUM

HERAUSGEBER Petra Kamburg, Friedemann Spicker, Jürgen Wilbert
GESAMTGESTALTUNG © füRSt'design, Bochum, 0234.325 888-9
DRUCK Thiebes-Druck, Hagen

ILLUSTRATIONEN Michael Görler (S. 50, 69), Zygmunt Januszewski (Titel und S. 28, 37, 65, 68, 72-75),
Joachim Klinger (S. 16, 64, 77), Hans-Joachim Uthke (S. 2, 46, 66-67, 70-71, 76, 78-79)
FOTOS Werner Seltier (106-108)

VERLAG Universitätsverlag Dr. Brockmeyer, Bochum
ISBN 978-3-8196-0679-3 (WGS 119)
Alle Rechte vorbehalten
1. Auflage, Mai 2007

Die Deutsche Bibliothek verzeichnet diese Publikation in der Deutschen Nationalbibliografie;
detaillierte bibliografische Daten sind im Internet über www.dnb.ddb.de abrufbar.

Wir danken der Kunststiftung NRW, dem Kultursekretariat NRW Gütersloh, der Deutschen
Bank, der Sparkasse Hattingen und der Volksbank sowie dem EN-Kreis für die freundliche
Unterstützung des 2. bundesweiten Aphoristikertreffens 2006 und dieser Publikation.

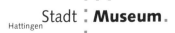

Ein kleiner Streifzug durch unser **Gästebuch** …

Aphorismen

Wort kreiert und kredenzt

Vielsagend – wenig schreibend

Aus dem Rahmen Gefallenes – Aufgehobenes

Kleine Gedanken von Kopf zu Herz

Geistesblitze, die das Herz erwärmen

Herzliche Grüße vom Gehirn

Gaumenfreuden des Herzens

Hirnsinnige Gefühlsduseleien

Geistessprudel für durstige Seelen

Himmlische Ergüsse für irdene Krüge

… sprechen für sich, was soll ich dazu sagen?

Erika Spousta

Auf der Zielgeraden
gibt es keine Abkürzung,
weder konkav, noch konvex
– also konform.

Holger Uwe Seitz

Schreiben heißt spüren, dass man grundsätzlich im Irrtum ist.

Tobias Grüterich

Geistesblitze spalten –
hier vereinen sie.
Vielen Dank für die
Möglichkeit des Treffens.
Christian Uri Weber

Wer sich eine Aufgabe gibt, gibt sich nicht auf!
Aphorismus als Maxime.
Ich habe zugehört, mitgedacht, gesprochen, gelernt und gelächelt.
Danke!
Karin Janke

Aphoristiker(-)treffen,
Worte tauschen,
die Verbindung knüpfen
zu einem wohltuenden,
tragenden Netzwerk
der Sprachschaffenden!
Klaus Huber